WALTER BENJAMIN

Linguagem
Tradução
Literatura

FILŌBENJAMIN   **autêntica**

WALTER BENJAMIN

Linguagem
Tradução
Literatura

(Filosofia, teoria e crítica)

1ª edição
1ª reimpressão

EDIÇÃO E TRADUÇÃO João Barrento

Edição original:
Gesammelte Schriften. Unter Mitwirkung von Theodor W. Adorno und Gershom Scholem hg. von Rolf Tiedemann und Hermann Schweppenhäuser. Volumes II, III, IV e VI.

Copyright da tradução © 2018 João Barrento
Copyright desta edição © 2018 Autêntica Editora

Todos os direitos reservados pela Autêntica Editora. Nenhuma parte desta publicação poderá ser reproduzida, seja por meios mecânicos, eletrônicos ou em cópia reprográfica, sem a autorização prévia da Editora.

COORDENADOR DA COLEÇÃO FILÔ
Gilson Iannini

CONSELHO EDITORIAL
Gilson Iannini (UFMG); Barbara Cassin (Paris); Carla Rodrigues (UFRJ); Cláudio Oliveira (UFF); Danilo Marcondes (PUC-Rio); Ernani Chaves (UFPA); Guilherme Castelo Branco (UFRJ); João Carlos Salles (UFBA); Monique David-Ménard (Paris); Olímpio Pimenta (UFOP); Pedro Süssekind (UFF); Rogério Lopes (UFMG); Rodrigo Duarte (UFMG); Romero Alves Freitas (UFOP); Slavoj Žižek (Liubliana); Vladimir Safatle (USP)

EDITORAS RESPONSÁVEIS
Rejane Dias
Cecília Martins

REVISÃO
Cecília Martins

PROJETO GRÁFICO
Diogo Droschi

CAPA
Alberto Bittencourt

DIAGRAMAÇÃO
Waldênia Alvarenga

Dados Internacionais de Catalogação na Publicação (CIP)
(Câmara Brasileira do Livro, SP, Brasil)

Benjamin, Walter, 1892-1940.
  Linguagem, tradução, literatura (filosofia, teoria e crítica) / Walter Benjamin ; tradução João Barrento. -- 1. ed.; 1. reimp. -- Belo Horizonte : Autêntica Editora, 2024. -- (Filô/Benjamin)

  ISBN 978-85-513-0359-7

  1. Linguística 2. Literatura - História e crítica - Teoria etc. 3. Linguagem e línguas - Filosofia I. Iannini, Gilson. II. Título. IV. Série.

18-20128   CDD-418

Índices para catálogo sistemático:
1. Linguística aplicada : Linguagem : Tradução : Literatura 418

Iolanda Rodrigues Biode - Bibliotecária - CRB-8/10014

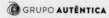

Belo Horizonte
Rua Carlos Turner, 420
Silveira . 31140-520
Belo Horizonte . MG
Tel.: (55 31) 3465 4500

São Paulo
Av. Paulista, 2.073, Conjunto Nacional
Horsa I . Sala 309 . Bela Vista
01311-940 São Paulo . SP
Tel.: (55 11) 3034 4468

www.grupoautentica.com.br
SAC: atendimentoleitor@grupoautentica.com.br

Filosofia e sociologia da linguagem
    9. Sobre a linguagem em geral e sobre a linguagem humana
    29. Fragmentos de filosofia da linguagem e epistemologia
        29. Fragmentos sobre a percepção
        31. Simbolismo do conhecimento
        33. Analogia e parentesco
        36. Teoria do conhecimento
        38. Sobre o enigma e o mistério
        40. Linguagem e lógica
        44. Tipos de saber
        45. Reflexões sobre Humboldt
    47. Doutrina das semelhanças
    53. Sobre a faculdade mimética
    57. Problemas da sociologia da linguagem

Tradução
    87. A tarefa do tradutor
    101. A tradução: os prós e os contras

Teoria e crítica literárias
    107. Fragmentos sobre crítica literária
        107. Programa da crítica literária
        115. Perfil da nova geração
        116. Conselho aos mecenas
        117. Antíteses
        119. A tarefa do crítico
        124. Falsa crítica
        128. Para uma crítica da "Nova Objetividade"
    131. História literária e ciência da literatura
    139. O contador de histórias: reflexões sobre a obra de Nikolai Leskov

Comentário

Filosofia e sociologia
da linguagem

Sobre a linguagem em geral e sobre a linguagem humana

Todas as manifestações da vida do espírito no ser humano podem ser entendidas como uma forma de linguagem, e esse entendimento abre em geral, como se fosse um verdadeiro método, para novos questionamentos. Pode falar-se de uma linguagem da música e da escultura, de uma linguagem da justiça, que não tem ligação direta com as línguas da jurisprudência alemã ou inglesa; pode falar-se de uma linguagem da técnica, que não é a do jargão especializado dos técnicos. Linguagem significa, neste contexto, o princípio orientado para a comunicação de conteúdos espirituais nos respectivos domínios: na técnica, na arte, na justiça ou na religião. Numa palavra: toda comunicação de conteúdos espirituais é linguagem, sendo que a comunicação pela palavra é apenas um caso particular, o da comunicação humana e daquilo que a fundamenta ou nela se baseia (a justiça, a poesia, etc.). A existência da linguagem, porém, não abarca apenas todos os domínios das manifestações do espírito humano, de algum modo sempre animadas pela língua – abarca absolutamente a totalidade do ser. Não existe acontecimento ou coisa, nem na natureza animada nem na inanimada, que não participe de algum modo da linguagem, porque a tudo é essencial poder comunicar o seu conteúdo espiritual. Mas de modo nenhum o uso da palavra "linguagem" neste contexto é metafórico. De fato, trata-se de uma constatação plena e substancial: não nos é possível imaginar seja o que for que não comunique a sua essência espiritual através da expressão. O grau maior ou menor de consciência a que tal expressão está aparente ou realmente ligada em nada altera o fato de que não nos é possível imaginar a total ausência de linguagem no que quer que seja. Uma existência sem qualquer relação com uma linguagem seria uma ideia; mas essa ideia não pode tornar-se produtiva, nem mesmo naquele domínio das ideias cujo âmbito define as ideias de Deus.

A uma conclusão, porém, podemos chegar: a de que, nesta terminologia, toda expressão, desde que seja comunicação de conteúdos espirituais, se situa na esfera da linguagem. Aliás, naquilo que constitui a sua mais plena e íntima essência, a expressão só pode ser entendida como *linguagem*. Por outro lado, para compreendermos uma essência-de-linguagem temos de perguntar sempre: de que essência espiritual é ela a expressão imediata? Ou seja: a língua alemã, por exemplo, de modo nenhum é a expressão de tudo aquilo que, *por meio* dela, podemos – supostamente – expressar; ela é, isto sim, a expressão imediata daquilo que *nela se* comunica. Esse *se* é uma essência espiritual. Com isto, torna-se desde logo óbvio que a essência espiritual que se comunica numa língua não é a própria língua, mas algo que dela se distingue. O ponto de vista segundo o qual a essência espiritual de uma coisa consiste precisamente na sua linguagem – esse ponto de vista, entendido como hipótese, é o grande abismo em que ameaça precipitar-se toda a teoria da linguagem;[1] e a sua tarefa é precisamente a de se manter acima dele, a de pairar sobre ele. A distinção entre a essência espiritual e a essência-de-linguagem, em que aquela comunica, é a mais primordial numa pesquisa no campo da teoria da linguagem, e essa distinção parece ser tão inquestionável que, pelo contrário, a identidade tantas vezes afirmada entre a essência espiritual e a de linguagem constitui um profundo e incompreensível paradoxo, para o qual se encontrou expressão no duplo sentido da palavra Λογοζ [*Logos*]. No entanto, esse paradoxo tem o seu lugar, enquanto solução, no centro da teoria da linguagem, mantendo, porém, a sua condição de paradoxo e sendo, por isso, insolúvel quando se situa no início.

O que comunica uma língua? Comunica a essência espiritual que lhe corresponde. É fundamental saber que essa essência espiritual se comunica *na* língua, e não *por meio* da língua. Não existe, portanto, o falante das línguas, se por isso entendermos aquele que se comunica *por meio* dessas línguas. A essência espiritual comunica-se numa língua, e não por meio de uma língua – e isso quer dizer que não se identifica,

---

[1] Ou será antes a tentação de colocar a hipótese no início, que constitui o abismo de todo o filosofar? (N.A.)

a partir de fora, com a essência da linguagem. A essência espiritual só é idêntica à essência-de-linguagem na medida em que é *suscetível de* comunicação. O que é suscetível de comunicação numa essência espiritual é a sua essência-de-linguagem. A linguagem comunica, portanto, uma essência-de-linguagem particular das coisas, mas só comunica a sua essência espiritual desde que esta esteja diretamente contida naquela, desde que seja *suscetível de* comunicação.

A linguagem comunica a essência-de-linguagem das coisas. Mas a sua mais clara manifestação é a própria linguagem. A resposta à pergunta: *o que* comunica a linguagem? é então a seguinte: *cada linguagem comunica-se a si mesma*. A linguagem deste candeeiro, por exemplo, não comunica o candeeiro (porque a essência espiritual do candeeiro, na medida em que é *comunicável*, não é o próprio candeeiro), comunica antes o candeeiro-linguagem, o candeeiro na comunicação, o candeeiro na expressão. Porque na linguagem as coisas se passam do seguinte modo: *a essência-de-linguagem das coisas é a sua linguagem*. Compreender a teoria da linguagem equivale a levar essa proposição a um nível de clareza capaz de eliminar qualquer aparência de tautologia que nela possa existir. Essa proposição é não-tautológica porque significa: aquilo que é comunicável numa essência espiritual *é* a sua linguagem. Tudo assenta sobre este *é* (que equivale a: "é sem mediação").

Como atrás se disse de passagem, o que é mais comunicável numa essência espiritual não é o que *se manifesta* de forma mais clara na sua linguagem; pelo contrário, isso que é *suscetível de* comunicação é a própria linguagem, sem mediação. Ou: a linguagem de uma essência espiritual é, sem mediação, aquilo que nela é comunicável. O que existe de comunicável *numa* essência espiritual é aquilo *em que* ela se comunica; ou seja: cada linguagem comunica-se a si mesma. Ou, mais exatamente: cada linguagem comunica-se *em* si própria, ela é, no sentido mais puro, o *medium* da comunicação. O problema fundamental da teoria da linguagem é esse elemento de mediação, é a condição *não mediatizada* de toda comunicação espiritual; e se se quiser chamar de mágica essa ausência de mediação, então o problema primordial da linguagem é a sua magia. Ao mesmo tempo, falar da magia da linguagem é remeter para uma outra questão: a sua infinitude. Ela é condicionada pela sua não-mediação, pois precisamente porque nada se comunica *por meio* da linguagem, aquilo que se comunica *na* linguagem não pode ser limitado nem medido por fatores externos, e por isso toda a linguagem contém em si a sua incomensurável e inconfundível infinitude. Os seus limites são traçados pela sua essência-de-linguagem, e não pelos seus conteúdos verbais.

A essência-de-linguagem das coisas é a sua linguagem. Aplicada ao gênero humano, essa proposição significa que a essência-de-linguagem do ser humano é a sua língua. Ou seja: o ser humano comunica a sua própria essência espiritual *na* sua língua. Mas a língua dos humanos fala por palavras. O ser humano comunica, portanto, a sua própria essência espiritual (na medida em que ela é comunicável) *nomeando* todas as outras coisas. Mas conhecemos nós outras linguagens que nomeiem as coisas? Não se venha com a objeção de que não conhecemos nenhuma outra linguagem que não seja a dos humanos, pois isso não é verdade. O que nós não conhecemos fora da esfera do humano é outra linguagem que possa *nomear*; e identificar a linguagem que nomeia com a linguagem em geral é privar a teoria da linguagem das suas certezas mais fundas. *Portanto, a essência-de-linguagem do ser humano está no fato de ele nomear as coisas.*

E nomear para quê? A quem se comunica o ser humano? Mas, será esta questão, no caso do ser humano, diferente da de outras formas de comunicação (linguagens)? A quem se comunica o candeeiro? E a montanha? E a raposa? A resposta, nesse caso, é: ao ser humano. Não se trata de antropomorfismo. A verdade dessa resposta confirma-se no conhecimento, e talvez também na arte. E para além disso: se o candeeiro e a montanha e a raposa não se comunicassem ao ser humano, como poderia este nomeá-los? Mas ele nomeia-os; *ele* comunica-se ao nomeá-*los*. A quem se comunica ele?

Antes de responder a essa pergunta, é preciso examinar ainda a questão: como se comunica o ser humano? É preciso estabelecer uma profunda diferenciação, colocar uma alternativa, perante as quais será certamente possível desmascarar uma ideia da linguagem essencialmente falsa. O ser humano comunica a sua essência espiritual *por meio* dos nomes que dá às coisas? Ou *nos* próprios nomes? O paradoxo inerente a essa questão contém a sua resposta. Se se acreditar que o ser humano comunica a sua essência espiritual *por meio* dos nomes, não se poderá, por outro lado, supor que está comunicando a sua essência espiritual – porque isso não acontece por meio dos nomes das coisas, ou seja por meio das palavras com as quais designa uma coisa. Apenas se pode supor que comunica uma coisa a outros seres humanos, pois é isso o que acontece por meio da palavra com a qual eu designo uma coisa. Esse ponto de vista é o de uma concepção burguesa da linguagem, cuja insustentabilidade e vacuidade se tornarão mais claras a partir das reflexões que se seguem. Esse ponto de vista afirma que o meio da comunicação é a palavra, o seu objeto a coisa, o seu destinatário um ser humano. A outra, pelo contrário, não conhece nem meio, nem objeto, nem destinatário, e afirma que *no nome a essência espiritual do ser humano se comunica a Deus.*

No âmbito da linguagem, o nome não conhece outro sentido, tem apenas essa significação, cujo nível é incomparavelmente mais alto: a de ser a essência mais íntima da própria linguagem. O nome é aquilo *por meio* do qual nada mais se comunica, e *em que* a linguagem, nela mesma e em absoluto, se comunica. No nome, a essência espiritual que se comunica é *a* linguagem. O nome só existe onde a essência espiritual, na sua comunicação, é a própria língua na sua totalidade absoluta; aí existe o nome e mais nada. O nome como parte do legado da linguagem humana é, assim, a garantia de que *a linguagem é, por excelência*, a essência espiritual do ser humano; e só por isso a essência espiritual do ser humano é, entre todas as essências espirituais, plenamente comunicável. É isso que fundamenta a diferença entre a linguagem humana e a linguagem das coisas. No entanto, como a essência espiritual do ser humano é a própria linguagem, ele não pode comunicar-se por meio dela, mas tão somente nela. A quinta-essência dessa totalidade intensiva da linguagem enquanto essência espiritual do ser humano é o nome. O ser humano é aquele que nomeia, e por aí reconhecemos que pela sua boca fala a língua pura. Toda a natureza, na medida em que se comunica, comunica-se na linguagem, e assim, em última análise, no ser humano. Por isso ele é o senhor da natureza e pode dar nome às coisas. Só através da essência-de-linguagem das coisas ele sai de si mesmo e chega ao conhecimento delas – no nome. A criação divina completa-se no momento em que as coisas recebem o nome que lhes é dado pelo ser humano, a partir do qual, no nome, unicamente a língua fala. Pode dizer-se que o nome é a linguagem da língua (se esse genitivo – o "de" – não designar o meio instrumental, mas o *medium* essencial). Nesse sentido, e porque ele fala no nome, o ser humano é o agente ativo, e único, da linguagem. Muitas línguas pressupõem essa constatação metafísica ao designarem o ser humano como agente ativo da linguagem (e isso significa claramente, segundo a Bíblia, aquele-que-dá-nome: "e como Adão a toda alma vivente chamasse, isso seria seu nome"[2]).

Mas o nome não constitui, por si só, a última ex-clamação, ele é também a verdadeira in-vocação da linguagem. E assim se manifesta no nome a lei essencial da linguagem, segundo a qual expressar-se a si mesmo e invocar todo o resto são uma e a mesma coisa. A linguagem – e nela uma essência espiritual – só se exprime de forma pura quando fala no nome, ou seja: na nomeação universal. Assim, no nome culminam a totalidade intensiva da linguagem como essência espiritual absolutamente comunicável e a totalidade extensiva como essência universal comunicante (nomeadora). Pela sua essência comunicante e pela sua universalidade, a linguagem é imperfeita se a essência espiritual que fala a partir dela não for, em toda a sua estrutura, coisa-de-linguagem, isto é, comunicável. *Só o ser humano possui a linguagem perfeita do ponto de vista da universalidade e da intensidade.*

Perante essa constatação torna-se possível, agora sem perigo de equívoco, uma questão que tem certamente a maior importância metafísica, mas que aqui poderá ser colocada, com toda clareza, como uma questão terminológica. Concretamente: se a essência espiritual, não apenas do ser humano (porque nesse caso isso acontece necessariamente), mas também das coisas, portanto a essência espiritual em geral, pode ser designada de essência-de-linguagem do ponto de vista de uma teoria da linguagem. Se a essência espiritual se identifica com a de linguagem, então a coisa será, de acordo com a sua essência espiritual, o *medium* da comunicação, e aquilo que nela se comunica é – de acordo com essa relação de mediação – precisamente esse *medium* (a linguagem). A linguagem é então a essência espiritual das coisas. A essência espiritual é, assim, postulada *ab initio* como suscetível de comunicação, ou melhor, colocada precisamente *no interior* da

---

[2] A tradução segue a "Bíblia de Almeida", com fixação de texto por José Tolentino Mendonça: *Bíblia ilustrada* (com imagens de Ilda David'). Lisboa: Assírio & Alvim, 2006, v. I, p. 25 (*Gênesis*, 2, 19). (N.T.)

comunicabilidade; e a tese que postula que a essência-de-linguagem das coisas se identifica com a sua essência espiritual, desde que esta última seja comunicável, torna-se com esse "desde que" uma tautologia. *Não existe um conteúdo da linguagem; enquanto comunicação, a linguagem comunica uma essência espiritual, ou seja, uma comunicabilidade por excelência.* As diferenças entre linguagens são as diferenças do *medium*, e este se distingue, por assim dizer, pela sua densidade, gradualmente, portanto; e isso acontece a partir de um duplo ponto de vista, consoante a densidade daquele que comunica (nomeia) e do que é comunicável (o nome). Essas duas esferas, que são distintas e no entanto convergem apenas na linguagem do nome do ser humano, correspondem-se, naturalmente, em permanência.

Para a metafísica da linguagem, a equivalência entre a essência espiritual e a de linguagem, que apenas conhece diferenças de grau, resulta numa gradação de todo o ser espiritual. Essa gradação, que ocorre no interior da própria essência espiritual, não pode subordinar-se a nenhuma categoria superior, e por isso leva a essa gradação de todas as essências espirituais e de linguagem segundo graus de existência ou do ser, como aquela que já era corrente na escolástica no que se refere às essências espirituais. Mas a equivalência entre essência espiritual e de linguagem tem, do ponto de vista da teoria da linguagem, um alcance metafísico tão grande porque conduz àquele conceito metafísico que desde sempre se destacou, como que naturalmente, no centro da filosofia da linguagem, estabelecendo uma relação íntima desta com a filosofia da religião. Esse conceito é o da revelação. No interior de todo o trabalho da linguagem evidencia-se o conflito entre o expresso e o exprimível, de um lado, e o inexprimível e o inexpresso, do outro. Quando se considera esse conflito costuma ver-se na perspectiva do inexprimível também a última das essências espirituais. Ora, é claro que equiparar a essência espiritual à essência-de-linguagem é questionar essa relação proporcionalmente inversa entre ambas. Porque a tese que aqui se aplica é a de que, quanto mais profundo, isto é, quanto mais existente e real for o espírito, tanto mais ele será exprimível e expresso; da mesma forma, é próprio dessa identificação considerar a relação entre espírito e linguagem uma relação absolutamente unívoca, de tal modo que a expressão linguisticamente mais existente, ou seja, mais fixada, é o que há de linguisticamente mais pregnante e inamovível, numa palavra: o mais alto grau da expressão corresponde ao mais puramente espiritual. É precisamente isso o que está implícito no conceito de revelação, ao ver na intangibilidade da palavra a condição única e suficiente e o traço característico da natureza divina da essência espiritual que nele se exprime. O domínio espiritual supremo da religião é (no conceito da revelação) ao mesmo tempo aquele que não conhece o inexprimível, pois é invocado no nome e exprime-se como revelação. O que aqui se anuncia, porém, é que só a essência espiritual suprema, tal como se manifesta na religião, assenta exclusivamente sobre o ser humano e a linguagem que nele é; enquanto toda arte, incluindo a poesia, não assenta na última quinta-essência do espírito da linguagem, mas sim num espírito reificado da linguagem, ainda que no grau mais perfeito de beleza. "*A linguagem, mãe* da razão e *da revelação*, o seu alfa e ômega", diz Hamann.

A própria linguagem não se encontra expressa de forma perfeita nas próprias coisas. Essa frase tem um duplo sentido conforme seja entendida de modo figurado ou no plano do sensível: as linguagens das coisas são imperfeitas e mudas. As coisas não participam do princípio formal puro da linguagem – o som. Só se podem comunicar umas às outras por meio de uma comunidade mais ou menos material. Essa comunidade é sem mediação e infinita, como a de qualquer comunicação linguística; é mágica (porque existe também uma magia da matéria). O lado incomparável da linguagem humana resulta do fato de a sua comunidade mágica com as coisas ser imaterial e puramente espiritual, e o som é disso símbolo. A Bíblia dá expressão a este fato simbólico ao dizer que Deus insuflou no ser humano o sopro vital, ou seja, simultaneamente vida e espírito e linguagem.

Ao considerarmos a seguir, com base nos primeiros capítulos do *Gênesis*, a essência da linguagem, isso não significa que o objetivo seja o de fazer exegese bíblica, nem tampouco o de tomar a Bíblia, neste contexto, como verdade revelada para fundamentar a nossa reflexão; pretende-se antes indagar aquilo que resulta do texto bíblico tendo em conta a natureza da própria linguagem; e a Bíblia é, *desde logo*, indispensável para esse propósito porque estas considerações a seguem em matéria de princípio, uma vez que nelas se pressupõe que a língua é uma realidade última, só apreensível na sua evolução, inexplicável e mística. Na medida em que se considera a si mesma como revelação, a Bíblia tem necessariamente de desenvolver os fatos fundamentais da língua. – A segunda versão da história da Criação, a que narra o episódio do sopro divino no homem, dá também conta de como este foi feito do barro. Trata-se da única passagem da história da Criação em que se fala de um material usado pelo Criador, por meio do qual este expressa a sua vontade, que de resto é sempre vista como criadora sem mediação. Nesta segunda história da Criação, o nascimento do homem não se dá pela palavra (Deus disse – e assim se fez); pelo contrário, a este homem que não foi criado pela palavra é agora concedido o *dom* da linguagem, elevando-o assim acima da natureza.

Mas essa singular revolução do ato da Criação, naquilo que nele se refere ao homem, está igualmente presente de forma clara na primeira história da Criação, garantindo, num contexto totalmente diferente, mas com a mesma determinação, a relação entre homem e linguagem a partir desse ato criador. A diversificada sequência rítmica dos atos da Criação do primeiro capítulo revela uma espécie de forma básica, da qual apenas o ato criador do homem se afasta de forma significativa. É certo que nunca se fala aqui, nem quanto ao homem, nem no que se refere à natureza, expressamente de uma relação com a matéria de que foram criados; e não podemos avançar uma explicação para a fórmula "Ele fez", no sentido de uma criação a partir de uma qualquer matéria. Mas o ritmo da Criação da natureza (de acordo com *Gênesis* 1) é: Haja – E fez (criou) [Deus] – E [Deus] chamou. Em alguns atos da Criação (1, 3; 1, 14) encontramos apenas o "Haja". Nesse "Haja" e no "Deus chamou", no princípio e no fim dos atos criadores surge sempre de forma clara e profunda a ligação do ato criador com a linguagem. Este começa com a onipotência criadora da linguagem, e no final acontece como que uma incorporação da coisa criada na linguagem, através da sua nomeação. Esta é, assim, o elemento da criação plenamente realizada, é palavra e nome. Em Deus, o nome é criador, porque é Verbo, e o Verbo divino é instrumento de conhecimento, porque é nome. "E Deus viu que era bom", ou seja: Deus conheceu por mediação do nome. A relação absoluta do nome com o conhecimento só existe em Deus, só aí o nome, ao se identificar intimamente com o Verbo criador, é o puro meio do conhecimento. Ou seja: ao dar nome às coisas, Deus permitiu o seu conhecimento. O homem, porém, nomeia-as na medida em que as conhece.

Na Criação do homem, a sequência rítmica tripla da criação da natureza deu lugar a uma ordem completamente diferente. Nela a linguagem tem, consequentemente, outra significação: mantém-se a condição ternária do ato, mas anuncia-se igualmente no paralelismo, de forma poderosa, o que a distancia da outra: no triplo "E Deus criou", do versículo 1, 27. Deus não criou o homem a partir da palavra, e não o nomeou. Não quis submetê-lo à linguagem, mas libertou no homem a linguagem que era *sua* e lhe havia servido de meio de Criação. Deus descansou depois de depositar no homem o poder criador que era seu. Esse poder criador, liberto da função atualizadora divina, transformou-se em conhecimento. O homem é aquele que conhece por via da mesma língua em que Deus é criador. Deus criou-o à sua imagem e semelhança, criou aquele que conhece à imagem e semelhança daquele que cria. Por isso a frase que diz que a essência espiritual do homem é a linguagem precisa de uma explicação. A sua essência espiritual é a linguagem que serviu para a Criação. A Criação aconteceu no Verbo, e a essência-de-linguagem de Deus é o Verbo. Toda a linguagem humana mais não é do que reflexo desse Verbo no nome. E o nome nunca alcança o Verbo, do mesmo modo que o conhecimento não alcança a Criação. O caráter infinito de toda a linguagem humana tem sempre uma essência limitada e analítica quando comparado com a absoluta e ilimitada infinitude criadora do Verbo divino.

A imagem mais profunda desse Verbo divino, e o ponto em que a linguagem humana participa mais intimamente da infinitude divina do Verbo autônomo, o ponto em que essa linguagem do homem não pode devir, nem palavra finita, nem conhecimento – esse ponto é o do nome humano. A teoria do nome próprio é a teoria do limite que separa a linguagem finita da infinita. O ser humano é, entre todos os seres, o único que nomeia os seus semelhantes, do mesmo modo que é o único a quem Deus não deu nome. Será talvez ousado, mas não propriamente impossível, convocar neste contexto a segunda parte do versículo 2, 20, onde se lê que o homem deu nome a todos os seres, *"mas* para o homem não achava ajuda que estivesse como diante dele". E logo Adão, depois de recebê-la, dá nome a sua mulher ("varoa"[3] no segundo capítulo, Eva no terceiro). Com a atribuição do nome, os pais consagram os filhos a Deus; ao nome que lhes é dado nesse ato não corresponde – em sentido metafísico, não etimológico – qualquer conhecimento, já que a nomeação é feita à nascença. Em rigor, nenhuma pessoa deve ser a correspondência do seu nome (no seu significado etimológico), pois o nome próprio é palavra de Deus em sons humanos. Com ele é garantida a cada um a sua criação por Deus, e nesse sentido cada um é ele mesmo criador, como se pode confirmar pela sabedoria mitológica, no seu pressuposto (bastante frequente) de que o nome do homem é o seu destino.[4] O nome próprio é o que existe de comum entre o ser humano e a palavra *criadora* de Deus (este não é o único caso, já que o ser humano conhece ainda uma outra comunidade de linguagem com a palavra divina). Pela palavra, o ser humano liga-se à linguagem das coisas. A palavra humana é o nome das coisas. Assim sendo, não se aplica a concepção burguesa da linguagem segundo a qual existiria uma relação arbitrária entre a palavra e a coisa, e que a palavra seria um signo puramente convencional da coisa (ou do seu conhecimento). A linguagem nunca se limita a fornecer *meros* signos. Mas também a rejeição da teoria burguesa da linguagem em favor de outra, de teor místico, é um equívoco. Segundo esta, a palavra seria a própria essência da coisa, sem mais. O que é incorreto, uma vez que a coisa em si não contém a palavra, ela é criada pela palavra divina e conhecida, no seu nome, pela palavra humana. No entanto, esse conhecimento da coisa não é criação espontânea, porque não acontece a partir da linguagem de forma absolutamente ilimitada e infinita, como na Criação original; o nome que o ser humano dá à coisa assenta na forma como ela se lhe comunica. No nome, o Verbo divino não manteve a sua capacidade criadora, tornou-se parcialmente receptivo, de uma receptividade que concebe pela linguagem. Tal concepção orienta-se para a linguagem das próprias coisas, das quais, por sua vez, na magia muda da natureza, a palavra de Deus volta a irradiar em silêncio.

---

[3] A Bíblia de Almeida diz: "Esta será chamada varoa, porque do varão foi tomada". O termo hebraico usado aqui para a mulher é "'*isha*", feminino de "'*ish*", o homem. (N.T.)

[4] Essa sabedoria plasmou-se no dito latino "*nomen est omen*". (N.T.)

Para designar a receptividade concebente e a espontaneidade tal como elas se articulam de forma única, e apenas no domínio da linguagem, a língua tem uma palavra própria, e essa palavra aplica-se igualmente à concepção do sem-nome no nome. É a tradução da linguagem das coisas para a linguagem dos humanos. Precisamos fundamentar o conceito de tradução no nível mais profundo da teoria da linguagem, porque o seu alcance e o seu poder são demasiado amplos para serem tratados com um qualquer estatuto secundário, como por vezes se pensa. Esse conceito alcança a sua plena significação na ideia de que toda língua superior (com exceção da palavra de Deus) pode ser vista como tradução de todas as outras. Uma tal relação das línguas entre si, entendida como uma relação entre instrumentos de diferentes densidades, possibilita a traduzibilidade das línguas entre si. A tradução é a passagem de uma língua a outra por meio de uma cadeia contínua de transformações. O que o campo da tradução atravessa são séries contínuas de transformações, e não zonas abstratas de equiparações e semelhanças.

A tradução da linguagem das coisas na dos homens não é apenas a tradução do que é mudo para a esfera dos sons, ela é também a tradução do sem-nome no nome. Ou seja, a tradução de uma língua imperfeita para uma mais perfeita; e com isso ela trará necessariamente algo de novo, a saber, o conhecimento. Mas a objetividade dessa tradução só pode ser garantida por Deus, pois Deus criou as coisas, e a palavra criadora presente nelas é a semente do nome que conhece, por paralelo com Deus, que, no final, nomeou cada coisa depois de tê-la criado. Mas tal nomeação constitui, evidentemente, apenas a expressão da identidade, em Deus, do Verbo que cria e do nome que conhece, e não a solução antecipada daquela tarefa que Deus atribui expressamente ao próprio ser humano, e que é a de nomear as coisas. Ao receber a linguagem muda e sem nome das coisas, para traduzi-la em nomes com sons, o ser humano soluciona essa tarefa. Tarefa que seria insolúvel se a linguagem do nome, humana, e a linguagem sem nome, das coisas, não se aproximassem pela sua afinidade em Deus, geradas pela mesma palavra criadora, que nas coisas seria o modo de a matéria comunicar em comunidade mágica, e nos humanos se tornou linguagem do conhecimento e do nome num espírito de bem-aventurança. Hamann diz: "Tudo o que o ser humano ouviu e viu com seus olhos no princípio [...], tudo o que as suas mãos tocaram, era [...] palavra viva, pois Deus era a palavra. Com tal palavra na boca e no coração, a origem da linguagem foi tão natural, tão próxima e tão fácil como uma brincadeira de criança...".[5] Na sua obra *O primeiro despertar de Adão e as suas primeiras noites de bem-aventurança*, Maler Müller[6] põe na boca de Deus estas palavras, incitando o homem a dar nome às coisas: "Homem de barro, aproxima-te e torna-te mais perfeito pela contemplação, torna-te mais perfeito pela palavra!". Nessa ponte estabelecida entre contemplação e nomeação está intimamente implicada a mudez comunicante das coisas (dos animais) que se liga à linguagem verbal dos humanos, que a acolhe no nome. No mesmo capítulo da narrativa o autor manifesta o conhecimento de que só a palavra, a partir da qual as coisas foram criadas, permite ao ser humano a sua nomeação, na medida em que ela se exprime nas diversas linguagens dos animais, ainda que mudamente, na imagem: Deus faz sinal aos animais, para que, um a um, se apresentem perante o homem a fim de lhes ser dado nome. Assim, de modo quase sublime, a comunidade de linguagem da Criação muda com Deus é dada na imagem desse sinal.

O fato de a palavra muda, na existência das coisas, ficar infinitamente longe e abaixo da palavra que nomeia no processo de conhecimento humano, e esta por sua vez abaixo da palavra criadora de Deus, é o fundamento da pluralidade das línguas humanas. A linguagem das coisas só na tradução pode ser absorvida pela linguagem do conhecimento

---

[5] A citação vem do escrito de J. G. Hamann, "Des Ritters von Rosencreuz letzte Willensmeynung über den göttlichen und menschlichen Ursprung der Sprache" ["A última expressão da vontade do cavaleiro Rosacruz sobre a origem divina e humana da linguagem"]. In: Josef Simon (ed.), J. G. Hamann. *Schriften zur Sprache* [Escritos sobre a Linguagem]. Frankfurt/M.: Suhrkamp Verlag, 1967, p. 144. De Hamann podem ler-se em português alguns textos importantes, traduzidos e comentados por José Miranda Justo, em: *Memoráveis socráticas* [*Sokratische Denkwürdigkeiten*]. Lisboa: Centro de Filosofia da Universidade de Lisboa, 1999; e "Metacrítica sobre o purismo da razão", in: *Ergon ou Energueia. Filosofia da linguagem na Alemanha. Séculos XVIII e XIX*. Organ., introd. e trad. de José M. Justo. Lisboa: Apáginastantas, 1986, p. 49-58. (N.T.)

[6] Friedrich "*Maler*" *Müller* (1749-1825): autor do século XVIII alemão, situado no movimento pré-romântico do *Sturm und Drang*. A citação vem da narrativa intitulada *Adams erstes Erwachen und erste selige Nächte*, publicada em Mannheim em 1778. (N.T.)

e do nome – há tantas traduções quantas línguas, desde que os humanos saíram do estado paradisíaco que só conhecia uma língua. (Aliás, segundo a Bíblia, essa consequência da expulsão do paraíso só mais tarde se fez sentir.) A língua paradisíaca do gênero humano deve ter sido a do conhecimento perfeito, enquanto mais tarde todo o conhecimento se diferenciou uma vez mais na diversidade das línguas, teria de se diferenciar, a um nível inferior, enquanto simples criação no nome. Nem a existência da árvore do conhecimento pode esconder a evidência de que a língua do paraíso deve ter sido a do conhecimento perfeito.[7] As suas maçãs proporcionariam o conhecimento do que é bom e do que é mau. Mas Deus tinha já chegado ao conhecimento, no sétimo dia, através das palavras da Criação: "E viu Deus tudo o que fez, e eis que era muito bom".[8] O conhecimento que é objeto da tentação da serpente, o de saber o que é bom e o que é mau, é sem nome. É, no mais profundo sentido do termo, um nada; esse saber é, afinal, ele mesmo o único mal que o estado paradisíaco conhece. O saber do bem e do mal sai da esfera do nome, é um conhecimento exterior, a imitação não criadora da palavra criadora. Nesse conhecimento, o nome sai de si mesmo: o pecado original é a hora do nascimento da *palavra humana*, na qual o nome deixou de poder viver intacto: teve de sair da linguagem do nome, da língua que conhece, poderia mesmo dizer-se: da magia imanente que lhe é própria, para se tornar expressamente mágica, por assim dizer a partir de fora. A palavra passa a comunicar *alguma coisa* (que está fora de si mesma). É verdadeiramente o pecado original do espírito da linguagem. A palavra como instrumento exterior de comunicação, como que uma paródia da palavra não mediatizada, da palavra criadora de Deus, sob a forma da palavra expressamente mediatizada; e é ao mesmo tempo o fim do espírito adâmico, bem-aventurado, que se situa entre ambas. Existe, de fato, identidade de princípio entre a palavra que conhece o bem e o mal, depois da promessa da serpente, e a palavra da comunicação exterior. O conhecimento das coisas assenta no nome, mas o do bem e do mal mais não é do que "desconversa" [*Geschwätz*], no mais profundo sentido em que esse termo é entendido

---

[7] Cf. *Gênesis* 3, 5. (N.T.)
[8] *Gênesis* 1,31. Trata-se, de fato, do sexto dia da Criação. (N.T.)

por Kierkegaard;[9] e só conhece uma purificação e uma elevação, a que também foi submetido o homem tagarela, o pecador: o tribunal. Na verdade, para a palavra que julga, o conhecimento do bem e do mal não tem mediação. A sua magia é diferente da do nome, mas igualmente mágica, e em alto grau. Essa palavra que julga expulsa os primeiros seres humanos do paraíso; eles próprios incitaram a isso, na senda de uma lei eterna segundo a qual essa palavra julgadora pune o seu próprio despertar como a única e mais funda culpa, e conta com isso. No pecado original, quando a pureza eterna do nome foi afetada, emergiu a pureza mais severa da palavra julgadora, da sentença. O pecado original tem uma tripla significação para o contexto em que se insere a essência da linguagem (para não falar da sua significação mais corrente). Ao abandonar o âmbito da língua pura do nome, o ser humano transforma a língua em meio instrumental (concretamente, o de um conhecimento que não lhe é adequado) e, assim, pelo menos em parte, em *mero* signo; e daqui nasce mais tarde a pluralidade das línguas. O segundo significado: do pecado original nasce, como forma de repor a natureza não mediatizada do nome que com ele foi atingida, a magia da sentença, agora destituída da bem-aventurança que fora sua. O terceiro significado, que aqui se poderá arriscar como hipótese, é o de que também se pode procurar no pecado original a origem da abstração como faculdade do espírito da linguagem.[10] De fato, o bem e o mal se situam fora da linguagem do nome, como entidades não nomeáveis, sem nome, e que o ser humano, por isso, abandona no abismo deste questionamento. Acontece que o nome, no que à língua

---

[9] A fonte é a crítica de Kierkegaard à novela *To Tidsaldre*, de uma autora dinamarquesa que assina com o pseudônimo Frau Syllembourg. A edição utilizada por Benjamin reproduz, em tradução alemã de Theodor Haecker, a segunda parte dessa crítica, com o título *Kritik der Gegenwart* [Crítica da atualidade]. Innsbruck: Brenner-Verlag, 1914. O tema da linguagem oca da desconversa [*Geschwätz* ou *Gerede*] surge, porém, logo nas primeiras obras filosóficas de Kierkegaard (por exemplo, no início de *Ou... Ou*) e prolonga-se pelo século XX em filósofos como Heidegger (cf. *Ser e Tempo*, § 35) ou poetas como Paul Celan ("Varrida pelo / vento dardejante da tua Palavra / a variegada desconversa da vida / vivida – as cem línguas do impoema, o niilema", no poema do livro *Atemwende/Sopro, Viragem*). (N.T.)

[10] É esse o tema dos textos "Doutrina das semelhanças" e "Sobre a faculdade mimética", incluídos neste volume. (N.T.)

existente se refere, constitui apenas o fundamento em que se enraízam os seus elementos concretos. Os elementos abstratos da linguagem, porém – é o que podemos talvez hipostasiar –, estão enraizados na palavra julgadora, na sentença. A imediaticidade (que é a raiz da linguagem) da mediação comunicativa da abstração assenta no veredicto judicial. Essa imediaticidade na mediação comunicativa da abstração surge como instância judicativa quando, com o pecado original, o ser humano perde a imediaticidade na mediação comunicativa do concreto, o nome, caindo assim no abismo da mediaticidade de toda comunicação, da palavra como simples meio, da palavra vã, no abismo da desconversa. Porque – é preciso lembrá-lo uma vez mais – a pergunta sobre o bem e o mal no mundo depois do ato da Criação foi pura desconversa. A árvore do conhecimento não estava no jardim de Deus para ajudar a resolver o problema do bem e do mal, mas sim como símbolo do tribunal onde serão julgados aqueles que fazem a pergunta. Essa monstruosa ironia assinala as origens míticas do Direito.

Depois do pecado original, que, ao transformar a língua num instrumento de mediação, lançou as bases da sua pluralidade, estava-se a um passo da confusão das línguas. Uma vez que os humanos tinham ferido de morte a pureza do nome, bastava apenas que se concretizasse o afastamento daquela contemplação intuitiva das coisas em que a sua linguagem se lhes revela, para roubar aos humanos a base comum do espírito da linguagem já abalado. Quando as coisas se enredam, os *signos* têm necessariamente de se confundir. A sujeição das línguas à desconversa tem como consequência quase inevitável a sujeição das coisas à loucura. Nesse afastamento das coisas, que significou a sua sujeição, surgiu o plano da construção da Torre de Babel, e com ele a confusão das línguas.

A vida dos humanos no seio do puro espírito da linguagem era um estado de bem-aventurança. Mas a natureza é muda. É certo que no segundo capítulo do *Gênesis* se sente claramente como essa mudez, assim nomeada pelo homem, se havia tornado ela própria uma forma de bem-aventurança de grau inferior. Na narrativa de Maler Müller, Adão diz sobre os animais que o abandonam depois de ele os ter nomeado: "e vi pela nobreza com que se afastaram de mim que o homem lhes havia dado um nome". Depois do pecado original, no entanto, a palavra de Deus provoca uma mudança profunda no aspecto da natureza, ao amaldiçoar a terra. Começa então a sua outra mudez, aquela que vemos na profunda tristeza da natureza. É uma verdade metafísica que toda a natureza começaria a lamentar-se se lhe fosse conferido o poder da linguagem[11] (sendo que "conferir o poder da linguagem" significa mais do que "fazer com que ela possa falar"). Essa frase tem um duplo sentido. Significa em primeiro lugar que ela se lamentaria em relação à própria linguagem. A privação da linguagem é o grande sofrimento da natureza (e é com vista à sua redenção que a vida e a linguagem *humanas* se integram na natureza, e não apenas, como por vezes se supõe, a dos poetas). Em segundo lugar, a frase diz que a natureza se lamentaria. O lamento, porém, é a expressão menos diferenciada, e a mais impotente, da linguagem, contém pouco mais do que o suspiro sensível; e também no simples rumorejar da folhagem se ouve sempre um lamento. A natureza cai na tristeza e no luto porque é muda. Mas a inversão dessa frase penetra ainda mais fundo na essência da natureza: é a tristeza da natureza que a faz emudecer. Em toda tristeza lutuosa está presente uma profunda tendência para a ausência de linguagem, e isso significa infinitamente mais do que a incapacidade ou a falta de vontade de comunicar. Aquilo que é triste sente-se, deste modo, totalmente conhecido pelo incognoscível. O ser nomeado – mesmo quando aquele que nomeia é semelhante aos deuses e bem-aventurado – não deixará talvez nunca de ser apenas um vago presságio dessa tristeza lutuosa. Mais do que isso é ser nomeado, a partir não daquela linguagem paradisíaca e bem-aventurada dos nomes, mas das centenas de línguas humanas nas quais o nome já murchou, mas que, por desígnio de Deus, ainda conhecem as coisas. As coisas não têm nome próprio, a não ser em Deus, pois Deus as fez nascer chamando-as pelos seus nomes próprios com o Verbo criador. Na linguagem humana, porém, elas são sobrenomeadas. Na relação das línguas humanas com a das coisas existe algo que se poderia designar, de forma aproximada, de "sobrenomeção": o mais profundo fundamento de linguagem de toda a tristeza lutuosa e (visto da perspectiva das coisas) de todo o emudecimento. A sobrenomeação

---

[11] Benjamin retoma esta ideia em *Origem do drama trágico alemão* e em alguns dos textos que acompanham esse livro, como "O significado da linguagem no drama trágico e na tragédia" (incluídos no primeiro volume desta série). (N.T.)

como essência de linguagem da tristeza lutuosa aponta para uma outra particularidade da linguagem: a sobredeterminação que domina a relação trágica entre as línguas dos seres humanos falantes.

Existe uma linguagem da escultura, da pintura, da poesia. Do mesmo modo que a linguagem da poesia se funda, se não exclusivamente, pelo menos em parte, na linguagem humana do nome, assim também se poderá pensar que a linguagem da escultura ou a da pintura se fundam, por exemplo, em certos tipos de linguagem das coisas, que elas documentam uma tradução da linguagem das coisas para uma linguagem infinitamente superior, mas talvez da mesma esfera. Trata-se, nesse caso, de linguagens sem nome, não-acústicas, de linguagens constituídas pelo próprio material; nesse contexto, podemos pensar num parentesco material das coisas no âmbito da sua comunicação.

A comunicação das coisas, aliás, integra-se num tipo de comunidade que lhes permite abarcar o mundo como um todo indiviso.

O conhecimento das formas artísticas depende de as concebermos a todas como linguagens, procurando as suas ligações às linguagens da natureza. Um exemplo que logo ocorre, porque se situa na esfera acústica, é o do parentesco do canto com a linguagem dos pássaros. Por outro lado, sabemos que a linguagem da arte só pode ser entendida numa relação profunda com a doutrina dos signos. Sem esta, toda a filosofia da linguagem permanece fragmentária, porque a relação entre linguagem e signo (de que a relação entre a língua humana e a escrita é apenas um exemplo particular) é originária e fundamental.

Isso nos permite propor uma outra oposição que atravessa todo o campo da linguagem e apresenta ligações estreitas com o já referido, entre a linguagem em sentido estrito e o signo, com o qual ela não coincide necessariamente. De fato, a linguagem nunca é apenas comunicação daquilo que é comunicável, mas também símbolo do não-comunicável. Esse lado simbólico da linguagem relaciona-se com a sua ligação ao signo, mas estende-se também, por exemplo, em certos aspectos, ao nome e ao ato de julgar. Ambos têm não apenas uma função comunicativa, mas muito provavelmente também uma outra, intimamente ligada a esta, que é a sua função simbólica, à qual não se aludiu até agora, pelo menos de modo explícito.

O que fica depois dessas considerações é um conceito mais depurado da linguagem, ainda que também ele imperfeito. A língua de um ser é o meio pelo qual se comunica a sua essência espiritual. O fluxo ininterrupto dessa comunicação percorre toda a natureza, dos seres inferiores aos humanos e destes a Deus. O ser humano comunica-se a Deus através do nome, que atribui à natureza e aos seus semelhantes (no nome próprio); e dá nome à natureza de acordo com a comunicação que dela recebe, porque também toda a natureza é atravessada por uma língua muda e sem nome, o resíduo da palavra criadora de Deus, que se preservou nos humanos como nome que conhece e paira acima deles na forma da palavra que emite um juízo. A linguagem da natureza é comparável a uma senha secreta que cada sentinela passa à próxima na sua própria língua; mas o conteúdo dessa senha é a própria língua da sentinela. Toda a linguagem superior é uma tradução da inferior, até que a palavra de Deus, na sua claridade última, se manifeste como a unidade subjacente a esse movimento da linguagem.

Fragmentos de filosofia da linguagem e epistemologia

Fragmentos sobre a percepção
[c. 1917]

Percepção é leitura

Na percepção o útil (bom) é o verdadeiro. Pragmatismo. A loucura é uma forma de percepção estranha à comunidade. / A acusação de loucura contra os grandes reformadores científicos. Incapacidade da multidão para distinguir entre conhecimento e percepção. A percepção relaciona-se com símbolos. / Métodos antigos de tratar a loucura.

Sobre a percepção em si

Percepção é leitura
Legível é apenas o que se manifesta na superfície.
[...]
Superfície que é configuração – relação absoluta

Apontamentos sobre o problema da percepção

Há três configurações na superfície absoluta: sinal, percepção e símbolo. A primeira e a terceira têm de se *manifestar* na forma da segunda.
O sinal pode ser lido e escrito
a percepção só pode ser lida
o símbolo não pode ser lido nem escrito.
No que se segue não se esclarecerá ainda a questão do símbolo. Tentaremos determinar
1) a relação da percepção com o sinal

2) a relação do signo escrito com a língua

[Proposição: Todos os fenômenos numa superfície podem ser entendidos como configurações na superfície absoluta]

Sobre 1) O sinal é uma dessas configurações na superfície absoluta, à qual podem ser atribuídas muitas coisas, por princípio infinitas, a que ela confere significado. Mas apenas se lhe pode atribuir *uma* dessas coisas na sua manifestação única, dependendo do contexto em que se manifesta entre os muitos significados possíveis.

A percepção distingue-se do sinal nos seguintes aspectos: não é uma configuração na superfície absoluta, mas sim a própria superfície absoluta configurada. Daqui se segue que no seu caso não podemos falar de "manifestação" no sentido da expressão atrás usada, uma vez que desaparece o critério de univocidade daquilo que, em cada caso, se lhe deve submeter; do mesmo modo, não se pode falar de significação, já que ela tem como pressuposto essa univocidade.

À percepção é atribuível não um número em princípio infinito de significações possíveis, mas um número infinito de possíveis interpretações. A interpretação não é transparente na sua relação com o que é interpretado. A interpretação refere-se àquilo cuja leitura se sugere e está presente; a significação, àquilo que é significado e está ausente. A interpretação, na sua relação com a significação, é exata, é o esquema desta, o cânone da possibilidade que faz com que um significante possa significar alguma coisa. Esse esquema (o cânone da significação) é a significação de uma possibilidade de significar. Ao atribuirmos a uma configuração na superfície a significação da sua possibilidade de significar, estamos a interpretá-la. Interpretar uma coisa é subsumir nessa coisa enquanto significante a possibilidade de significar como algo de significante. As possibilidades de interpretação da percepção são infinitas, mas ao mesmo tempo simples em relação a um "de cada vez e todas as vezes" ainda por determinar (o que não tem a ver com manifestação, ou acontecimento). A interpretação de uma configuração na superfície absoluta é a sua chave. A percepção, diferentemente da escrita, não se pode transformar num significante, ou seja, a sua chave não é aplicável. O problema da percepção vai, assim, chegar ao problema da "chave pura".

O objeto da percepção é uma chave pura da superfície absoluta configurada.

Sobre a percepção
[...]
A filosofia é experiência absoluta, configurada dedutivamente como linguagem num contexto sistemático-simbólico.

Para o modo de ver da filosofia, a experiência absoluta é linguagem – mas linguagem entendida como conceito simbólico-sistemático. Tem modos de linguagem específicos, um dos quais é a percepção; as teorias da percepção, bem como de todos os fenômenos não mediatizados da experiência absoluta, integram-se nas ciências filosóficas em sentido lato. Toda filosofia, incluindo as ciências filosóficas, é teoria.

Apontamentos
Ser no ser do conhecimento é conhecer.

Simbolismo do conhecimento
[1917-1918]

A conclusão perdida da anotação
sobre o simbolismo do conhecimento

Nessa conclusão estava o resumo da investigação goethiana sobre a natureza enquanto representante do autêntico conhecimento teórico, realizado por meio de símbolos. Os símbolos não se revelaram a Goethe em analogias poéticas em que a natureza é reconhecível, mas sim em intuições visionárias. O fenômeno primordial [*Urphänomen*] é um conceito simbólico-sistemático. Enquanto ideal, é símbolo.

Naquela conclusão perdida o símbolo era também designado de ideia. Mas, em que sentido? Em sentido puramente teorético, no qual os conceitos derivam das ideias. No sentido da ideia como tarefa. – O ideal, pelo contrário, representa a ligação à arte, ou, para ser mais exato, à percepção.

A percepção é constitutiva das ciências descritivas da natureza. Ou seja: na Física e na Química é possível, no domínio da teoria, abstrair da ordem do sensível. Nas ciências biológicas isso não é possível. Quando se trata de vida lida-se com essa ordem do sensível, com a percepção. Na vida existe um momento de irredutível percepção, por contraste com os fenômenos físicos e químicos.

Também a propósito da investigação da natureza e da poesia se falou da natureza como caos dos símbolos, sem marcas religiosas, apocalípticas, na sua constituição e organização. Um exemplo particular é a segunda parte do *Fausto*.[12]

Acrescentamos, como adendo ao referido ensaio:

A ontologia de modo nenhum serve para conhecer a verdade, se é que existe alguma coisa no espaço dessa ontologia ou no espaço de um mundo exterior que possa corresponder a uma noção de verdade. Para esclarecer essa ideia, é fundamental entender a diferença radical que existe entre a verdade e as verdades, ou melhor, conhecimentos. A verdade não é algo que esteja preso e encerrado na ontologia, mas depende da relação entre a ontologia e os outros dois elos do sistema. O sistema tem a estrutura que os conhecimentos da ontologia lhe penduram nas paredes. A ontologia não é o palácio. Para continuar a ver as coisas por esse prisma imagético: os conhecimentos da ontologia devem preservar a dimensão de quadros. E para explicar a imagem: todos os conhecimentos têm de ser, por meio do seu conteúdo simbólico latente, suportes de uma poderosa intenção simbólica que os subsume no próprio sistema sob o nome de ontologia, e cuja categoria decisiva é a da doutrina, também a da verdade, e não a de conhecimento. A tarefa da ontologia é a de carregar de tal modo os conhecimentos com intenção simbólica que eles se perdem na verdade ou na doutrina, são absorvidos por elas, sem no entanto as fundamentarem, já que o seu fundamento é a revelação, a linguagem.

Para voltar à imagem anterior: encher de quadros as paredes do palácio até que os próprios quadros pareçam ser as paredes.

Essa poderosa intenção de preenchimento simbólico de todos os conhecimentos é a base do misticismo kantiano. A sua terminologia é mística, absolutamente determinada pela vontade de dar aos conceitos por ela mediados, com origem numa carga simbólica, a dimensão discretamente glorificadora do autêntico conhecimento, dos quadros no palácio. Toda a acribia é apenas o orgulho desse mistério do seu nascimento, que a crítica não consegue apagar, apesar de não entendê-lo. É este o esoterismo de Kant.

---

[12] O *Fausto* de Goethe (Primeira e Segunda Partes) pode ler-se em tradução portuguesa de João Barrento: Lisboa: Relógio d'Água, 2013 (1. ed. 1999). (N.T.)

O papel do sistema, cuja necessidade apenas é evidente para aqueles filósofos que sabem que a verdade não é um complexo de conhecimentos, mas uma intenção simbólica (a dos elos do sistema na sua relação mútua), é assumido em Platão pelo DIÁLOGO.

Adendo a: Simbolismo do conhecimento

Temos de distinguir de forma decisiva entre o domínio da filosofia e do conhecimento filosófico, que aspiram à verdade, e concretamente à sua totalidade, e a percepção de verdades ou de uma única verdade que não só se revelam, de forma sistemática e infalível, na observação exata de uma obra de arte, como também se tornam evidentes, aqui e ali, a todo artista na sua atividade criadora. Aquelas verdades contêm "verdade", nomeadamente aquela a que o filósofo aspira, mas não apontam para ela como a verdade filosófica (de intenção inferior) através da sistemática filosófica (de intenção superior). O mundo das ideias de Goethe é representativo daquela percepção não filosófica (artística ou, em sentido mais estrito, criativa) das verdades. Mas poderíamos, com igual pertinência, lembrar Jean Paul, ou, num outro sentido, as máximas de Balzac sobre os seres humanos; e com intenções particularmente "teóricas", mas igualmente não-filosóficas, temos as percepções de Humboldt sobre a linguagem e as de Kandinsky sobre as cores.[13]

Analogia e parentesco
[1919]

Nota prévia: A menor clareza da exposição que se segue explica-se em grande parte devido ao fato de o conceito de "semelhança", que

---

[13] Os exemplos trazidos por Benjamin poderão referir-se mais concretamente a obras como: Goethe, *Máximas e reflexões* (trad. portuguesa de José M. Justo em: "Obras escolhidas", ed. João Barrento. Lisboa: Círculo de Leitores, 1992, e Relógio d'Água, 2000), *Teoria das cores* e toda a obra científica; Jean Paul (Friedrich Richter), *Vorschule der Ästhetik* [Propedêutica estética], de 1804; Balzac, *La comédie humaine*; Wilhelm von Humboldt, *Sobre a diversidade da estruturação das línguas humanas e sua influência sobre o desenvolvimento espiritual do gênero humano*, de 1830-35 (trad. parcial em: José M. Justo, org., *Ergon ou Energeia. Filosofia da linguagem na Alemanha. Séculos XVIII e XIX*. Lisboa: Apáginastantas, 1986); W. Kandinsky, *Do espiritual na arte* (trad. portuguesa: Lisboa: Publicações D. Quixote, 2010, 1. ed. 1987; trad. brasileira: S. Paulo: Martins Fontes, 1996). (N.T.)

se liga diretamente aos de "analogia" e "parentesco", ter sido deixado fora da discussão e não ter sido destrinçado do de analogia. Mas ele não se identifica com o de analogia. A analogia é provavelmente uma semelhança metafórica, ou seja, uma semelhança de relações, enquanto que em sentido próprio (não metafórico) só substâncias podem ser semelhantes. A semelhança de dois triângulos, por exemplo, teria de ser comprovada pela semelhança com uma qualquer "substância" neles contida, e cuja manifestação seria a igualdade (não a semelhança!) de determinadas relações neles. O parentesco não pode ser suficientemente derivado nem de analogias nem de semelhanças; mas, enquanto a semelhança, em certos casos, pode anunciar parentescos, isso nunca se dá com a analogia.

A analogia em caso algum serve de fundamento ao parentesco. Assim, o parentesco dos filhos com os pais *não se funda* naquilo em que eles lhes são semelhantes [falta a distinção entre analogia e semelhança!], e também não se aparentam com eles *pelas* semelhanças; o parentesco remete, sem divisões, para todo o ser, sem procurar uma expressão particular [caráter inexpressivo do parentesco]. Tal como a analogia, também a relação causal não fundamenta o parentesco. A mãe é aparentada com o filho porque o deu à luz – mas isso não é uma relação causal; o pai é aparentado com o filho certamente porque o gerou, mas não por aquilo que na procriação é ou parece ser a causa do nascimento. Ou seja: o gerado (filho) é determinado naquele que o gerou (pai) de modo diferente do que acontece com a determinação do efeito pela causa – isto é, não por causalidade, mas por parentesco. A essência do parentesco é enigmática. É aquilo que é comum ao parentesco dos esposos e dos pais com o filho (afinidade eletiva e afinidade de sangue); e é também aquilo que é comum ao parentesco de mãe e pai com o filho.

Para descortinarmos o parentesco precisamos de um olhar particularmente sereno e límpido. Facilmente o olhar fugidio se deixa apanhar pela analogia. [Gustav Theodor] Fechner[14] era um observador

---

[14] *Gustav Fechner* (1801-1887): filósofo alemão pioneiro da psicologia experimental e fundador da "psicofísica", com influência em pensadores posteriores como Ernst Mach (teoria das sensações) e William James (pragmatismo). (N.T.)

de analogias; Nietzsche (o seu aforismo "A aparência é inimiga do historiador" [na *Aurora*?[15]] prova-o) era um descobridor de parentescos. A analogia é um princípio científico, racional. Por mais valiosa que seja, é preciso olhá-la com o máximo de sobriedade possível. É possível sondá-la e descobrir o que há de comum naquilo que é análogo [a sua matéria será provavelmente uma relação]. A emoção não pode orientar-se pela analogia, porque não está em condições de determiná-la. No reino das emoções a analogia não é princípio a seguir, e a aparência analógica só surge quando a emoção não é considerada, de forma suficientemente exata, com a racionalidade da analogia. Análogos são o leme de um barco e o rabo de um animal – e isso só é matéria para maus poetas, muito embora seja objeto para aquele que os pensa (o técnico). Pai e filho são aparentados, trata-se de uma relação que não é constituída no plano da *ratio*, muito embora possa ser apreendida por ela.

Confundir analogia e parentesco é uma total perversão. Que consiste em tomar a analogia como princípio de um parentesco, ou o parentesco como princípio de uma analogia. É assim que procedem aqueles que, ao ouvir música, imaginam uma paisagem, um acontecimento, um poema, no sentido da primeira confusão. Buscam algo de racionalmente análogo a uma música. Coisa que, naturalmente, não existe, a não ser que seja vista de forma muito rudimentar e puramente material. É claro que a música pode ser apreendida racionalmente; não por meio de analogias, mas por meio de relações universais e leis comuns. É impossível passar da música para a analogia, porque ela só reconhece o parentesco. E o que se aparenta com a música é a pura emoção; esta é identificável, e a música nela. Os pitagóricos procuravam reconhecê-lo através dos números.

Um caso de substituição da semelhança pelo parentesco é o da argumentação do Direito natural, que parte "de tudo aquilo que o rosto

---

[15] O aforismo citado, que a seguir se transcreve, é realmente do livro *Aurora* (n.º 340): *"A aparência é inimiga do historiador.* – É um fato plenamente confirmado que as pessoas nascem do ventre da mãe; apesar disso, os filhos adultos, vistos ao lado da mãe, fazem parecer muito pouco provável essa hipótese: ela tem contra si a força das aparências". (N.T.)

humano contém". No rosto humano pode *procurar-se* o parentesco – mas de modo nenhum essa aparência pode ser o princípio de um parentesco sem se ver degradada, descendo ao nível da analogia. Não é a semelhança que produz o parentesco. Só nos casos em que sabe estar acima da analogia – coisa que, em última análise, sempre se deseja provar – ela pode ser anunciadora do parentesco, que só na emoção (e não na intuição nem na *ratio*) pode ser apreendido de forma imediata, podendo, no entanto, ser compreendido pela *ratio* de forma rigorosa e limitada. Na emoção do povo pode apreender-se de imediato o parentesco entre as pessoas.

Ver no parentesco um princípio da analogia é próprio de uma concepção moderna de autoridade e de coesão familiar. Essa concepção espera encontrar analogias entre pessoas aparentadas, e considera o nivelamento como um objetivo da educação, cuja efetivação é tarefa da autoridade. Por outro lado, a verdadeira autoridade é uma relação emocional direta, que não encontra o seu objeto nas analogias do comportamento, da escolha da profissão, da obediência, mas, quando muito, se anuncia neles.

O tipo humano que pode ser definido pela confusão entre analogia e parentesco nos dois sentidos é o sentimental. No autêntico parentesco busca apenas o estreitamente familiar; mas nas ondas amplas da analogia, sob as quais não imagina que haja fundo, a sua emoção descontrolada deixa-se balançar. É o caso de Wallenstein, ao dizer, perante a morte de Max: "Foi arrancada a flor da minha vida".[16] Lamenta a flor, sobre a qual diz alguma coisa, recorrendo a todos os meios de que dispõe. Mas Wallenstein só pode sentir aquilo que é aparentado com a sua dor, e não aquilo que lhe seria análogo.

Teoria do conhecimento
[1920-1921]

A *condição* de verdade de um estado de coisas é a função da constelação do *ser* verdade de todos os outros estados de coisas. Essa função é idêntica à função do sistema. O *ser* verdade (que, enquanto

---

[16] Da peça de F. Schiller *Wallensteins Tod* [A morte de Wallenstein], ato V, cena III. O conjunto do ciclo de *Wallenstein*, em três partes, tem tradução portuguesa de Maria Hermínia Brandão: Porto: Campo das Letras, 2009. (N.T.)

tal, é naturalmente irreconhecível) relaciona-se com o *dom* da tarefa infinita.[17] Mas temos de perguntar qual o meio (*medium*) que permite a não-divisão de ser-verdade e condição-de-verdade. Qual é esse *medium* neutro?

Há que distinguir entre duas coisas:
1) a falsa disjunção que diz que o conhecimento existe ou na consciência de um sujeito de conhecimento, ou no seu objeto (podendo ser idêntico a ele)
2) a aparência de um indivíduo sujeito do conhecimento (por ex. Leibniz, Kant)

1) A constituição das coisas no Agora da possibilidade de conhecimento e
2) a limitação do conhecimento no símbolo são as duas tarefas da teoria do conhecimento.

Sobre 1)

O postulado "A verdade pertence, num qualquer sentido, a um estado-do-mundo perfeito" cresce e transforma-se de forma catastrófica num outro, cresce para alcançar a dimensão do "agora": O mundo é conhecível *agora*. A verdade consiste no "Agora da possibilidade de conhecimento". Só neste existe um contexto relacional [sistemático, conceptual] (contexto das partes entre si e na relação com o estado-do-mundo perfeito). O Agora da possibilidade de conhecimento é o *tempo lógico*, que há que se fundamentar no lugar de uma validade intemporal. Talvez o conceito de "validade universal" se insira nesse contexto.

Sobre 2)

A ação, tal como a percepção, só entra nesse Agora da possibilidade de conhecimento de forma incompleta, imprópria, irreal.

---

[17] "A tarefa infinita" é o título de um outro fragmento de Benjamin dessa fase, escrito, como muitos outros, à sombra de Kant. A "tarefa infinita" é, neste contexto, a da própria ciência: "Infinita é aquela tarefa que não pode ser postulada. Mas, em que consiste a tarefa infinita, se não pode ser postulada? Na própria ciência. Melhor, ela *é* a ciência". (GS VI, 51) (N.T.)

Próprias e inteiras elas o são apenas no estado-do-mundo perfeito. Também a verdade é própria, inteira no estado-do-mundo perfeito, mas só ela é também inteira no Agora da possibilidade de conhecimento. Em outras palavras, ela só se contém a si mesma se for *inteira*. A ação, na sua relação com o estado-do-mundo perfeito, não é o que está acontecendo *agora* (ou acontecerá "em breve"), a exigência não pode exigir, nem ordenar, nada agora. Elas entram incompletas, em *conceitos simbólicos*, no Agora da possibilidade de conhecimento, porque desde Agora é preenchido e dominado apenas pela possibilidade de conhecer. O Agora da ação, a sua existência própria no estado-do-mundo perfeito, também não está (como o da verdade) no Agora da possibilidade de conhecimento. Essa existência *no* estado-do-mundo perfeito é, por isso, sem contexto, também sem relação com *este*, é real mas fragmentada, desmembrada, irreconhecível por natureza. Os conceitos simbólicos: fenômenos primordiais.

Sobre o enigma e o mistério
[1920-1921]

O enigma nasce quando uma intenção se orienta insistentemente no sentido de aproximar da esfera simbólico-significativa uma forma ou um acontecimento que não parecem conter nada de extraordinário, ou que parecem não ter mesmo qualquer conteúdo. Como o cerne do símbolo é o mistério, é natural que se tente captar o lado "misterioso" daquela forma ou daquele acontecimento. Mas tal tentativa – quando contrastada com objetos "profanos" em sentido estrito – está condenada a nunca alcançar os seus objetivos. Quando tenta encerrar o seu lado misterioso numa descrição que se relaciona com ela tal como o enigma com a sua solução, a aparência de mistério só não se desfaz enquanto a solução não aparecer. Em outras palavras, e uma vez que a solução está objetivamente fixada, tal tentativa só pode ser subjetiva. Objetiva é aquela intenção apenas na sua relação com o mistério, o insolúvel na forma ou no acontecimento, e ela acaba por não ser concretizada. Apesar disso, ela não resulta totalmente gorada desde que exista um fundamento objetivo para aquela aparência subjetiva do mistério da forma ou do acontecimento. No entanto, ele não existe porque a forma ou o acontecimento sejam um mistério, mas pelo fato de, como todo ente, participarem do mistério, uma participação que nunca chega a alcançar uma existência autônoma na esfera do profano, uma vez que tem de estar sempre em relação: no enigma, com a sua solução, na palavra, com a sua significação. Pois é enquanto palavra que todo ente se encontra no estado de mistério a partir da força simbólica da palavra, e a "palavra do enigma" não se limita a ser a sua solução, num duplo sentido constitutivo da essência do enigma, como intenção gorada e como intenção, nomeadamente como sua condição, seu fundamento, e como "redenção" da intenção escondida que aponta para o insolúvel nele. Precisamente porque na palavra, que, enquanto tal, é já "palavra do enigma" existe um núcleo simbólico fundador para além do que por ela é comunicado, o símbolo de uma não possibilidade de comunicação.

Por isso, muitos enigmas podem ser *resolvidos* pela simples imagem, mas só a palavra os pode *redimir*. Talvez, neste contexto, sejam mais significativos, como enigmas, alguns do tipo dos enigmas de letras, homonímias, enigmas silábicos, etc., que partem já da palavra na construção do problema e que, em parte, podem ser relativamente novos, ou outros, como acontece sempre ou muitas vezes com os enigmas dos povos primitivos, que partem de estados de coisas que, enquanto tais, não precisam ainda de estar na palavra. Mas cuja pergunta só pode ser *resolvida* na palavra que, irrompendo em toda a força da sua imediatez, traz à luz da redenção, com igual força, a intenção escondida do enigma.

O mistério só pode, em última análise, ser pensado em atos através do vivo que os realiza, mas não nas coisas. Daqui se segue que o símbolo, que é um mistério, só é pensável num ato que nasça do vivo e nele se concretize. Esse vivo é sempre Deus.

A nomeação dos animais por Adão no *Gênesis* opõe-se à concepção mítica do nome, como enigma de cuja solução se prescinde, como acontece na novela *Regentrude*, de Theodor Storm, ou nos contos de fadas. O nome judaico (o hebraico) é um mistério.

(Vd. Wolfgang Schultz, *Rätsel aus dem hellenischen Kulturkreise. Gesammelt und bearbeitet* [Enigmas do espaço cultural helênico. Reunidos e adaptados]. 2 partes, Berlim, 1909-1912.)

Linguagem e lógica
[1920-1921]

I

Folha perdida / procurar em casa
Contém
1) A discussão do conceito de sistema e a teoria do desaparecimento da intenção na verdade, comentado com o exemplo da imagem velada de Saïs;[18]
2) Discussão do conceito da essência como marca da verdade.

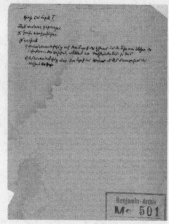

Manuscrito de
"Linguagem e lógica I"

II

[...] assim os traços de caráter se apresentam muito distintos uns dos outros, assim ecoa a harmonia das esferas a partir das suas órbitas que não se tocam. Tudo o que é da ordem das essências é um sol e relaciona-se com os seus pares dessa esfera como os sóis se relacionam uns com os outros. Isso se aplica também ao domínio da filosofia, o único em que a verdade se manifesta, e com um som semelhante ao da música. É esse conceito harmônico de verdade que precisamos atingir, para que a marca falsa da opacidade, própria da sua imagem ilusória, desapareça do autêntico conceito da verdade. A verdade não é opaca. Muito do que esperamos encontrar nela não se encontra nela.

Haverá que investigar a relação dessas coisas com a forma do sistema. Vd. também, sobre "o poder de velamento próprio do saber", as notas para "A Nova Melusina".[19]

---

[18] A lenda egípcia da imagem velada do templo de Saïs, cujo desvelamento e contemplação (da verdade) significava a morte de quem a contemplava. Sobre este mito, vd. o escrito de Novalis "Os aprendizes de Saïs". (N.T.)

[19] *Die neue Melusine*, narrativa de Goethe (escrita em 1807-08), incluída no romance Os anos de peregrinação de Wilhelm Meister, cuja versão final é de 1829. (N.T.)

A relação entre conceitos – algo que domina na esfera do conhecimento – rege-se por um esquema em que um é subsumido por outro. Os conceitos secundários estão contidos nos principais – ou seja, o conhecido perde de algum modo a sua autonomia em favor daquilo por que é reconhecido. Na esfera das essências, a superior não se relaciona com as outras assimilando-as – atravessa-as e informa-as. E por isso a divisão entre as duas zonas, a sua disparidade, é tão irredutível como a separação entre rei e povo. Por outro lado, a relação de legitimidade dominante entre estes dois possui valor canônico para a relação entre a unidade da essência e a pluralidade das essências (a unidade da essência é a unidade de uma essência do mesmo tipo das outras essências, de cuja pluralidade falamos. Mas *não* é a unidade *das* essências). Na relação entre rei e povo torna-se claramente evidente que na esfera das essências as questões da legitimidade são em última análise as da autenticidade e da origem. Essa relação de origem é completamente diferente da relação pseudo-original entre conceito principal e conceito secundário: aqui, a dependência é apenas aparente, na medida em que o tipo e o número das especificações de um conceito principal no conceito secundário são obra do acaso. A toda realidade essencial, pelo contrário, pertence desde o início uma limitada – mas determinada – pluralidade de essências, que não derivam da unidade da essência em sentido dedutivo, estando antes submetidas a essa unidade na empiria, como condição da sua expressão e experiência. A unidade da essência perpassa uma pluralidade de essências, na qual se manifesta, mas em relação à qual permanece sempre diferente. A forma completa dessa integração poderá ser chamada de integração dos fenômenos em sistemas de pluralidade de essências.

A pluralidade das línguas é uma dessas pluralidades de essências. A doutrina mística da decadência da língua verdadeira não pode, por isso, e em abono da verdade, levar à sua dissolução numa pluralidade que entrasse em contradição com uma unidade original derivada da vontade de Deus; pelo contrário – e visto que a pluralidade das línguas, tal como a dos povos, não é o resultado de um processo de decadência, está mesmo muito longe de sê-lo, exprimindo precisamente essa pluralidade o caráter da sua essência –, essa doutrina não pode apontar para uma dissolução na pluralidade, deve antes falar de uma progressiva impotência da força dominadora integral a que, segundo os místicos, teremos de atribuir a significação de uma unidade da essência revelada, de natureza linguística; de tal modo que aquela unidade não será vista como a original, pronunciada nas origens, mas antes como a unidade que, nas origens, nasceu da harmonia perceptível de todas as falas, com o seu poder incomparavelmente maior do que o de cada língua individual.

III

"Em certo sentido, é legítimo perguntar se a doutrina das 'Ideias' de Platão teria sido possível se o sentido das palavras não tivesse sugerido ao filósofo, que só conhecia a sua língua-mãe, uma divinização do conceito da palavra, uma divinização da palavra: as 'Ideias' de Platão são, no fundo, se as pudermos considerar desse ponto de vista unilateral, apenas palavras e conceitos da palavra divinizados" (Hermann Güntert, *Von der Sprache der Götter und Geister* [Sobre a língua dos deuses e dos espíritos]. Halle, 1921, p. 49).

Manuscrito de "Linguagem e Lógica III"

"Em tempos remotos, o prestígio do sacerdote e do feiticeiro, do curandeiro e do xamã deriva em grande parte do fato de eles conhecerem e entenderem as fórmulas e as palavras da língua dos espíritos, e esse 'saber' superior foi quase sempre e em toda parte temerosamente mantido em segredo: tanto os druidas como os brâmanes e os xamãs conheciam perfeitamente os fundamentos do seu poder" (GÜNTERT, 1921, p. 35).

Nada nos autoriza a designar um tal complexo de saber da linguagem como mero aglomerado de fórmulas mágicas; pelo contrário, há um saber específico que garante a eficácia dessas fórmulas, um saber teórico associado à linguagem. O estudo das relações entre linguagem e lógica deve ter o objetivo de mostrar como a forma pura de tal saber se manifesta para além dos mistérios da magia, na verdade enquanto sistema.

"O tabu imposto a certas palavras pode levar à sua morte" (GÜNTERT, 1921, p. 17).

"Em tempos remotos, o nome e a palavra são sempre vistos à imagem de uma espécie de substância anímica, de qualquer modo sempre algo de real, concreto, existente, qualquer coisa cujo significado tem o mesmo valor para o corpo e para a alma. Na filosofia indiana antiga, particularmente a budista, é corrente a expressão *nāmārupa* – 'nome e aspecto' – para designar a essência de uma coisa;[20] na doutrina Mīmāṃsā encontramos um conceito semelhante, *nāmaguna* – 'nome e propriedade'."[21]

"A conhecida ambiguidade e obscuridade dos oráculos assenta apenas em... perífrases que se limitam a sugerir o que se quer dizer, sem exprimi-lo de forma nítida e clara. Nesse sentido, a célebre e enigmática palavra EI, com que os que chegam deparam no templo de Delfos, é representativa de todo o modo de proceder da Pitonisa. Dizer 'muros de madeira' em vez de 'navios' é uma particularidade estilística do discurso sagrado, e é surpreendente que essa formação de perífrases especiais nos discursos religiosos, nessas *metáforas sagradas*, comece, em Homero, precisamente com as expressões da linguagem dos deuses: ὁ ἄναξ οὗ τὸ μαντεῖό ἐστι τὸ ἐν Δελφοῖς οὔτε λέγει οὔτε κρύπτει ἀλλὰ σημαίνει, diz Heraclito"[22] (GÜNTERT, 1921, p. 121).

Também a linguagem da filosofia se serve de perífrases, num certo sentido, ao manter a distância em relação à linguagem corrente. E também neste contexto é significativo o fato de a essência da exposição de ideias filosóficas não poder ceder a explicações exemplificativas. "Ela não fala a linguagem dos homens".

---

[20] Vd. Oldenberg, Buddha, 1926, p. 46, 262 segs.; e *Weltanschauung der Brahman. Texte* [Visão do mundo dos brâmanes. Textos], 1919, p. 105. (N.T.)

[21] Em Sat. Br. [*Satapatha Brahmana*, livro sagrado do hinduísmo] XI 2, 3, 1, lemos: "O universo abrange tanto uma forma como um nome" (GÜNTERT, 1921, p. 5). (N.T.)

[22] "O deus soberano, cujo oráculo está em Delfos, nem fala, nem oculta, manifesta-se por sinais." (Kirk/Raven, *Os filósofos pré-socráticos*. Lisboa: Fundação C. Gulbenkian, 1990 (Heráclito), p. 214.) (N.T.)

Tipos de saber
[1921]

I. O saber da verdade

Não existe, porque a verdade é a morte da intenção.

II. O saber redentor

Existe como aquela forma de saber em que a redenção se torna consciente, e assim se consuma.

Mas não existe como saber que origina a redenção.

III. O saber ensinável

A sua manifestação mais significativa é a banalidade.

IV. O saber determinante

Este saber, que determina a ação, não existe. No entanto, é determinante, não como "motivo", mas por força da sua estrutura de linguagem. O momento da linguagem na moralidade relaciona-se com o saber. Certo é que este saber que determina a ação leva ao silêncio. Por isso, não é ensinável enquanto tal. Este saber determinante parece ter afinidades com o Tao. Mas é exatamente o oposto do saber do ensinamento socrático da virtude, pois este é motivante da ação, mas não determinante para quem age.

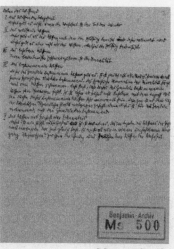

Manuscrito de "Tipos de saber"

V. O saber por intuição ou conhecimento

É uma forma altamente enigmática do saber. É qualquer coisa que, no domínio do saber, equivale ao presente no domínio do tempo. Só existe numa transição inapreensível. Entre quê? Entre a intuição e o saber da verdade.

Reflexões sobre Humboldt
[1925/1927-1928]

Humboldt não considera nunca o lado mágico da linguagem. Mas ignora também o lado da psicologia de massas e da psicologia individual na linguagem (em suma, o lado antropológico, particularmente em sentido patológico). Ocupa-se apenas do momento objetivo-espiritual da linguagem em sentido hegeliano. Pode por isso dizer-se que, enquanto o lado poético da linguagem não for plenamente penetrado, enquanto não for tocado pela esfera que, à falta de melhor termo, teremos de designar de mágica (Mallarmé é o poeta que mais a integra e explora), ele não penetrará realmente a linguagem.

Humboldt considera a palavra a parte mais significativa da linguagem, por paralelo com o indivíduo no mundo vivo. Não haverá algo de arbitrário nesse ponto de vista? Não se poderia igualmente comparar a palavra com o dedo indicador na mão da linguagem, ou com o esqueleto humano?

Talvez seja importante mostrar como Humboldt, nas suas ideias, nunca deixa que se afirme a dialética pura, preferindo sempre as mediações.

Há qualquer coisa de obstinado no estilo e no andamento das ideias na prosa de Humboldt (veja-se o que escreve Steinthal[23] sobre a prosa de Humboldt).

Humboldt fala da "sutil" e inapreensível relação mútua entre a expressão e a ideia.

---

[23] *Heymann [Hajim] Steinthal* (1823-1899): foi discípulo de Wilhelm von Humboldt na Universidade de Berlim e organizou a primeira edição das suas obras em 1884. Publica já em 1848 *Die Sprachwissenschaft Wilhelm von Humboldts und die Hegel'sche Philosophie* [A linguística de W. von Humboldt e a filosofia de Hegel]. A referência à prosa de Humboldt encontra-se no livro *Die sprachphilosophischen Werke Wilhelms von Humboldt* [A filosofia da linguagem de W. v. Humboldt]. (N.T.)

Doutrina das semelhanças [1]

O conhecimento dos domínios do "semelhante" é de importância decisiva para a iluminação de grandes zonas do saber oculto. No entanto, chega-se a esse conhecimento não tanto pela constatação de semelhanças encontradas, mas antes pela reprodução de processos que produzem tais semelhanças. A natureza produz semelhanças; basta pensar nos processos miméticos. Mas é o ser humano que tem a capacidade máxima de produzir semelhanças. Talvez não exista mesmo nenhuma das suas funções superiores que não seja decisivamente determinada pela faculdade mimética. Essa faculdade, porém, tem uma história em sentido tanto filogenético como ontogenético. No que a este último se refere, o jogo é em muitos aspectos a sua escola. Os jogos infantis são desde logo, e em toda parte, marcados por comportamentos miméticos, e o seu âmbito de modo nenhum se restringe à imitação de outras pessoas. A criança não brinca apenas de lojista e de professor, imita também moinhos de vento e trens. Mas a questão determinante é a seguinte: qual é realmente a utilidade desta escola do comportamento mimético?

A resposta pressupõe uma consciência clara do significado filogenético do comportamento mimético. Para avaliar esse significado não basta pensar no sentido atual do conceito de semelhança. Sabe-se que o círculo vital em tempos dominado pelo conceito da semelhança era muito mais vasto. Era o micro e o macrocosmo – para citar apenas uma entre muitas versões das que essa experiência do semelhante encontrou no decurso da história. Ainda hoje se pode afirmar que as situações cotidianas em que tomamos consciência das semelhanças são uma ínfima parcela dos inúmeros casos em que somos inconscientemente determinados por ela. As semelhanças conscientemente apercebidas – por exemplo nos rostos –, comparadas com as muitas semelhanças inconscientes ou não apreendidas, são como a pequena ponta do *iceberg*, visível acima da água, quando comparada com a imensa massa submersa.

Mas essas correspondências naturais só assumem um significado decisivo à luz da ideia de que todas elas são essencialmente estímulos e incentivos daquela faculdade mimética que lhes corresponde no ser humano. É preciso, no entanto, não esquecer que nem as forças miméticas nem os objetos miméticos a que elas se aplicam permaneceram imutáveis ao longo dos tempos; que no decorrer dos séculos a força mimética e, com ela, mais tarde, a capacidade de apreensão mimética desapareceram igualmente de alguns domínios, talvez para ocuparem outros. Talvez não seja demasiado ousada a hipótese de que é possível reconhecer, em geral, uma orientação uniforme na evolução histórica dessa faculdade mimética.

À primeira vista, essa orientação residiria apenas na crescente perda da faculdade mimética. Na verdade, o universo de experiência do homem moderno parece conter aquelas correspondências mágicas em muito menor grau do que o dos povos antigos ou dos primitivos. A questão é apenas uma: tratar-se-á da extinção da faculdade mimética ou da sua transformação? A astrologia talvez tenha algumas explicações a oferecer, ainda que indiretamente, sobre a orientação dessa transformação. Enquanto pesquisadores das antigas tradições, teremos de admitir que pode ter existido uma configuração com sentido, um caráter de objeto mimético, em realidades que hoje somos incapazes sequer de intuir. Por exemplo, nas constelações.

Para compreendermos isso teremos de ser capazes de conceber o horóscopo como uma totalidade originária, só analisável pela interpretação astrológica (a posição dos astros representa uma unidade específica, e a natureza dos diversos planetas só é reconhecível pelo modo como atuam nessa constelação). Temos de partir do princípio de que os fenômenos celestes eram para os antigos uma realidade a imitar, quer coletiva, quer individualmente; e que essa possibilidade de imitação continha indicações para se lidar com semelhanças existentes. Nessa possibilidade de imitação pelo ser humano, ou na sua faculdade mimética, teremos logo de reconhecer a única instância que conferiu à astrologia o seu caráter experiencial. Mas se o gênio mimético foi realmente uma força vital determinante dos antigos, então é quase impossível deixar de atribuir ao recém-nascido a plena posse desse dom, e particularmente a sua integração perfeita na ordem cósmica.

A hora do nascimento que aqui é decisiva não passa, porém, de um instante. E isso chama-nos a atenção para uma outra particularidade na esfera da semelhança. E atrai o olhar para uma outra singularidade nessa esfera. A sua percepção está sempre ligada a uma aparição súbita. Ela passa, veloz, talvez seja recuperável, mas não podemos fixá-la, como acontece com outras percepções. Oferece-se ao olhar de forma tão fugidia e passageira como uma constelação. A percepção das semelhanças parece, assim, estar ligada a um momento no tempo. Como se um terceiro, o astrólogo, viesse juntar-se à conjunção de dois astros que quer apreender num instante. Em contrapartida, e apesar de toda a precisão dos seus instrumentos de observação, o astrônomo nunca consegue os mesmos resultados.

A alusão à astrologia poderá ser suficiente para esclarecer o conceito de uma semelhança não-sensível. Trata-se, como é evidente, de um conceito relativo, que nos mostra como, na nossa percepção, já não dispomos daquela faculdade que outrora tornou possível falar da semelhança entre uma constelação e um ser humano. Mas também nós dispomos de um cânone que nos permite um certo grau de esclarecimento da obscuridade associada ao conceito de semelhança não-sensível. Esse cânone é a linguagem.

Desde tempos remotos que se reconhece na faculdade mimética alguma influência sobre a linguagem. Mas isso acontecia sem fundamentos sólidos e sem que, nesse contexto, fosse pensado o significado, para não falar já da história, dessa faculdade mimética. E, mais ainda, tais reflexões permaneceram estreitamente ligadas ao âmbito mais corrente (sensível) da semelhança. Apesar disso, atribuiu-se um lugar próprio, enquanto elemento onomatopaico, ao comportamento imitativo na gênese da linguagem. Mas se a linguagem, como é evidente para os mais perspicazes pesquisadores, não é um sistema convencional de signos, então todos os esforços para nos aproximarmos do que lhe é mais próprio irão sempre resultar em ideias como as que encontramos nas explicações onomatopaicas na sua forma mais rude e primitiva. E a questão é então a seguinte: podem estas ser desenvolvidas e ajustadas a uma compreensão mais rigorosa?

Em outras palavras: poderemos nós atribuir algum sentido à frase de Leonhard, no seu revelador estudo intitulado *A palavra*,[24] que afirma que "toda palavra – toda língua – é onomatopaica"? A chave que pode tornar essa tese verdadeiramente clara está escondida no conceito da semelhança não-sensível. Imaginemos palavras de diferentes línguas com a mesma significação ordenadas em torno do seu centro, que é o seu significado, e procuremos investigar de que modo todas elas – que muitas vezes não têm a menor semelhança entre si – se assemelham àquele significado que está no centro. Uma tal concepção está, naturalmente, muito próxima das teorias místicas ou teológicas da linguagem, sem por isso ser estranha à filologia empírica. Ora, é sabido que às teorias místicas da linguagem não basta trazer a palavra falada para o âmbito das suas reflexões. Preocupam-se igualmente com a palavra escrita; e o que há de mais significativo nesta é que ela, talvez melhor do que certas combinações fônicas da linguagem, esclarece a essência da semelhança não-sensível na relação da imagem escrita de palavras e letras com o que significam ou com aquilo que lhes deu nome. Por exemplo, a letra *beth* tem o nome de uma casa.[25] Assim, é a semelhança não-sensível que traça a ligação não só entre a fala e o que ela quer dizer, mas também entre o escrito e o que ele significa, e ainda entre o falado e o escrito. E sempre de forma totalmente nova, original, irredutível.

Mas a mais importante dessas ligações será a última, entre o escrito e o falado, já que a semelhança aí dominante é, comparativamente, a mais "não-sensível". E aquela a que se chegou mais tarde. E é quase impossível captar a sua verdadeira essência sem reconstituir a história da sua gênese, por mais impenetrável que seja hoje a obscuridade que a

---

[24] Rudolf Leonhard, *Das Wort*. Berlim, s.d. [1931]. Leonhard é um poeta da facção mais politizada do Expressionismo alemão, pacifista e adepto do socialismo de Karl Liebknecht. Organizou, a partir de 1933 em Paris, a Associação para a Defesa dos Escritores Alemães no Exílio e colaborou com a resistência francesa. De Leonhard podem ler-se dois poemas em português em: *A alma e o caos. 100 poemas expressionistas*. Seleção, tradução, introdução e notas de João Barrento. Lisboa: Relógio d'Água, 2001, p. 110-113. (N.T.)

[25] *Beth* é a segunda letra de vários alfabetos das línguas semitas (fenício, hebraico, siríaco, aramaico, árabe), e significa literalmente "Casa", conteúdo que a própria forma (ב) espelha. (N.T.)

envolve. A moderna grafologia ensinou-nos a reconhecer na caligrafia imagens, ou melhor, imagens distorcidas que o inconsciente de quem escreve aí escondeu. Podemos imaginar como a faculdade mimética, que assim se manifesta na atividade do escrevente, tenha tido uma grande importância para o ato de escrever nos tempos remotos em que a escrita nasceu. Esta se transformou assim, a par da linguagem oral, num arquivo de semelhanças não-sensíveis, de correspondências não-sensíveis.

Essa vertente, chamemos-lhe assim, mágica da linguagem e da escrita não se desenvolve isoladamente, sem ligação com a outra, a semiótica. Pelo contrário, todo elemento mimético da linguagem é uma intenção com fundamento, que só se pode manifestar através de algo que lhe é estranho, nomeadamente o fundamento que lhe é dado pelo lado semiótico, comunicativo, da linguagem. Por isso, o texto literal da escrita é o fundamento exclusivo sobre o qual se pode formar aquela imagem distorcida. E por isso o contexto de significação contido nos sons da frase é o fundamento a partir do qual a semelhança emerge de um som, num instante, de forma imediata. Como, porém, essa semelhança não-sensível afeta toda leitura, abre-se nessa camada profunda o acesso ao curioso duplo sentido da palavra leitura, na sua significação profana e mágica. O aluno lê o abecedário, e o astrólogo lê o futuro nos astros. No primeiro caso, o ato de ler não se desdobra nas suas duas componentes, o que só acontece no segundo, que torna manifestos os dois estratos do processo: o astrólogo lê no céu a posição dos astros, e ao mesmo tempo lê, a partir deles, o futuro ou o destino.

Se, nos tempos primitivos da humanidade, essa leitura dos astros, das entranhas, dos acasos, era a forma de leitura por excelência, se, por outro lado, ela proporcionou ligações com outros modos de leitura, como o das runas, então não será descabido supor-se que aquele dom mimético que antes foi o fundamento da vidência migrou, numa evolução de milênios, para o campo da linguagem e da escrita, criando neste domínio o mais completo arquivo de semelhanças não-sensíveis. Nesse sentido, a linguagem seria a mais perfeita aplicação da faculdade mimética: um *medium* que teria assimilado totalmente as antigas capacidades de apreensão das semelhanças, de tal modo que agora é ela que constitui o *medium* em que as coisas se encontram e se relacionam entre si, não mais de forma direta como antes, no espírito do vidente ou do sacerdote, mas nas suas essências, nas suas mais etéreas e sutis substâncias ou aromas. Em outras palavras: ao longo da história a capacidade vidente cedeu à escrita e à linguagem as suas antigas forças.

Mas o ritmo, aquela velocidade de leitura ou escrita que não se pode separar desse processo, corresponderia então ao esforço e ao dom de fazer o espírito participar daquela medida do tempo em que as semelhanças, de forma fugaz e para logo voltarem a desaparecer, irrompem subitamente do fluxo das coisas. E assim a leitura profana – se não quiser abdicar completamente de ser compreendida – partilha com a mágica o fato de ambas estarem submetidas a um ritmo necessário, ou antes, a um momento crítico que o leitor de modo algum pode esquecer, se não quiser sair de mãos vazias.

Adendo

O dom de ver as semelhanças, de que todos dispomos, mais não é do que um fraco rudimento da poderosa compulsão, a que estávamos submetidos antes, de nos tornarmos semelhantes e de agirmos segundo a lei das semelhanças. E esta capacidade perdida de nos tornarmos semelhantes ia muito além do estreito mundo das percepções em que ainda somos capazes de ver semelhanças. Os efeitos que, há milhares de anos, a posição dos astros produzia numa existência humana no momento do nascimento confundia-se com essa existência com base na semelhança.

Sobre a faculdade mimética [2]

A natureza produz semelhanças; basta pensar nos processos miméticos. Mas é o ser humano que tem a capacidade máxima de produzir semelhanças. O dom de ver as semelhanças, de que todos dispomos, mais não é do que um fraco rudimento da poderosa compulsão, a que estávamos submetidos antes, de nos tornarmos semelhantes e de agirmos segundo a lei das semelhanças. Talvez não exista mesmo nenhuma das suas funções superiores que não seja decisivamente determinada pela faculdade mimética.

Essa faculdade, porém, tem uma história, em sentido tanto filogenético como ontogenético. No que a este último se refere, o jogo é em muitos aspectos a sua escola. Os jogos infantis são desde logo, e em toda parte, marcados por comportamentos miméticos, e o seu âmbito de modo nenhum se restringe à imitação de outras pessoas. A criança não brinca apenas de lojista e de professor, imita também moinhos de vento e trens. Mas qual é realmente a utilidade desta escola do comportamento mimético?

A resposta pressupõe uma consciência clara do significado filogenético do comportamento mimético. Para avaliar esse significado não basta pensar no sentido atual do conceito de semelhança. Sabe-se que o círculo vital em tempos dominado pelo conceito da semelhança era muito vasto; ela dominava o micro e o macrocosmo. Mas essas correspondências naturais só ganham o seu peso maior à luz da ideia de que todas elas são essencialmente estímulos e incentivos daquela faculdade mimética que lhes corresponde no ser humano. É preciso, no entanto, não esquecer que nem as forças miméticas nem os objetos miméticos a que elas se aplicam permaneceram imutáveis ao longo dos tempos. Devemos antes supor que no decorrer dos milênios a capacidade de produzir semelhanças – por exemplo, nas danças, cuja função mais antiga é essa mesmo –, e com isso também a capacidade de reconhecê-las, se foi modificando no decorrer da história.

A orientação seguida por essa mudança residiria apenas na crescente perda da faculdade mimética. Na verdade, o universo de experiência do homem moderno parece conter apenas resíduos daquelas correspondências e analogias mágicas que eram comuns nos povos antigos. A questão é saber se se trata da extinção da faculdade mimética ou da sua transformação. A astrologia talvez tenha algumas explicações a oferecer, ainda que indiretamente, sobre a orientação dessa transformação.

Teremos de admitir que num passado distante os fenômenos do céu se contavam entre aqueles que eram imitáveis. Na dança e noutras manifestações de culto podia produzir-se uma tal imitação, elas tinham a ver com a gestão de semelhanças. Mas se o gênio mimético foi realmente uma força vital determinante dos antigos, então é quase impossível deixar de atribuir ao recém-nascido a plena posse desse dom, e particularmente a sua integração perfeita na ordem cósmica.

A alusão à astrologia poderá ser suficiente para esclarecer o conceito de uma semelhança não-sensível. É certo que nas nossas existências já não é possível falar de tais semelhanças, e muito menos produzi-las. Mas também nós dispomos de um cânone que nos permite um certo grau de esclarecimento da obscuridade associada ao conceito de semelhança não-sensível. Esse cânone é a linguagem.

Desde tempos remotos que se reconhece na faculdade mimética alguma influência sobre a linguagem. Mas isso acontecia sem fundamentos sólidos e sem que, nesse contexto, fosse pensado o significado, para não falar já da história, dessa faculdade mimética. E, mais ainda, tais reflexões permaneceram estreitamente ligadas ao âmbito mais corrente (sensível) da semelhança. Apesar disso, atribuiu-se um lugar próprio, enquanto elemento onomatopaico, ao comportamento imitativo na gênese da linguagem. Mas se a linguagem, como parece evidente, não é um sistema convencional de signos, então teremos de recorrer sempre a ideias como as que encontramos nas explicações onomatopaicas na sua forma mais primitiva. E a questão é então a seguinte: podem estas ser desenvolvidas e ajustadas a uma compreensão mais rigorosa?

"Toda palavra – toda língua – é onomatopaica", afirmou alguém. É difícil precisar o programa que pode estar contido nessa frase. Ainda assim, o conceito de semelhança não-sensível oferece algumas possibilidades. Imaginemos palavras de diferentes línguas com a mesma significação ordenadas em torno do seu centro, que é o seu significado, e procuremos investigar de que modo todas elas – que muitas vezes não têm a menor semelhança entre si – se assemelham àquele significado que está no centro. No entanto, esse tipo de semelhança não pode ser explicado apenas pelas relações das palavras das diferentes línguas que designam uma mesma coisa. E também não se pode limitar a reflexão ao âmbito da palavra falada, já que ela tem também a ver com a palavra escrita. Ora, o que há de mais significativo nesta é que ela, em muitos casos de forma mais clara do que a palavra falada, esclarece a essência da semelhança não-sensível na relação da imagem escrita com o que significa. Em suma, é a semelhança não-sensível que traça a ligação não só entre a fala e o que ela quer dizer, mas também entre o escrito e o que ele significa, e ainda entre o falado e o escrito.

A grafologia ensinou-nos a reconhecer na caligrafia imagens que o inconsciente de quem escreve aí escondeu. Podemos imaginar como o processo mimético, que assim se manifesta na atividade do escrevente, tenha tido uma grande importância para o ato de escrever nos tempos remotos em que a escrita nasceu. Esta se transformou, assim, a par da linguagem oral, num arquivo de semelhanças não-sensíveis, de correspondências não-sensíveis.

Essa vertente da linguagem e da escrita não se desenvolve isoladamente, sem ligação com a outra, a semiótica. Pelo contrário, todo elemento mimético da linguagem é, como a chama, algo que só se pode manifestar através de um qualquer suporte, que neste caso é o semiótico. Assim, o contexto de significação das palavras ou frases é o suporte a partir do qual a semelhança emerge, num instante, de forma imediata. A sua produção pelo ser humano – tal como a sua percepção por ele – está, de fato, ligada a um irromper súbito. Ela passa e desaparece. É muito provável, por isso, que a velocidade da escrita e da leitura potencialize a fusão do semiótico e do mimético no âmbito da linguagem.

"Ler o que nunca foi escrito." Esta forma de leitura é a mais antiga: a leitura antes de toda linguagem, a partir das entranhas, dos astros ou da dança. Mais tarde apareceram instrumentos intermediários de novas formas de leitura, runas e hieroglifos. Tudo indica que foram essas as etapas que permitiram a entrada na escrita e na linguagem daquele dom mimético que em tempos fora o fundamento das práticas ocultas. Assim sendo, a linguagem seria o grau mais elevado do comportamento mimético e o mais completo arquivo de semelhanças não-sensíveis: um *medium* para o qual migraram definitivamente as antigas forças da ação e da ideia miméticas, até ao ponto de liquidarem as da magia.

Problemas da sociologia da linguagem

Quando falamos da sociologia da linguagem como um campo de saber de fronteira, pensamos inicialmente apenas num domínio que é comum às ciências imediatamente evocadas pela palavra: a Linguística e a Sociologia. Mas se considerarmos o problema com mais atenção, constataremos que ele tem implicações em várias outras disciplinas. Para citar apenas algumas questões que têm ocupado a pesquisa nos últimos anos, e que são por isso objeto desta análise, a influência da comunidade linguística sobre a língua do indivíduo insere-se no âmbito da psicologia infantil; a questão, ainda em aberto, da relação entre linguagem e pensamento não poderá ser tratada, como adiante se verá, sem o contributo da psicologia animal; as recentes discussões a propósito da linguagem gestual e da linguagem dos sons devem muito à etologia; finalmente, com a teoria da afasia, da qual Bergson já tentou retirar conclusões importantes, a psicopatologia esclareceu questões relevantes da sociologia da linguagem.

É na pesquisa sobre as origens da linguagem que a Linguística e a Sociologia se tocam de forma mais natural e evidente. E apesar das reservas metodológicas que muitas vezes se colocam, um grande número das mais importantes pesquisas neste domínio são convergentes nesse ponto. Esse questionamento irá revelar-se, pelo menos, como o ponto de fuga para o qual se orientam de forma natural as mais diversas teorias. Comecemos por citar algumas dessas reservas, a partir da obra de referência na matéria *Le langage et la pensée*, de Henri Delacroix, uma espécie de enciclopédia da psicologia geral da linguagem: "As origens, como se sabe, costumam perder-se na obscuridade... A história da linguagem não remonta às origens, uma vez que a linguagem é ela mesma condição prévia da história. A história da linguagem ocupa-se sempre e apenas de línguas muito evoluídas, que têm atrás de si um passado considerável de que nada sabemos. A origem de determinadas línguas não se confunde com a origem da linguagem em geral. As mais antigas línguas conhecidas não têm nada de primitivo. Mostram-nos apenas as transformações a que a língua está submetida, mas não nos ensinam nada sobre as suas origens... A única base de que dispomos é a análise das condições de possibilidade da linguagem, as leis do devir da linguagem, a observação sobre a sua evolução... O problema tem, por isso, de ficar em suspenso".[26]

O autor acrescenta a essas cautelosas reflexões um breve resumo das construções com que desde sempre os pesquisadores tentaram preencher essa lacuna do não conhecido. Entre elas a mais popular é aquela que, apesar da sua forma primitiva, há muito objeto da crítica científica, oferece uma via de acesso a questões centrais da pesquisa atual.

"O ser humano inventou-se a si mesmo enquanto linguagem – a partir dos sons da natureza viva!", diz Herder. Com isso, mais não faz do que retomar ideias do século XVII, de cuja importância histórica se apercebe em primeiro lugar, e que haveriam de ser tratadas numa obra notável de Hankamer, no que diz respeito às especulações sobre a língua primitiva e as origens da linguagem.[27] Basta abrir as obras de Gryphius e dos outros autores da Escola da Silésia, Harsdörffer, Rist, e os seus discípulos de Nuremberg, para se perceber a ressonância que o lado puramente fonético da linguagem encontrou entre eles.[28] Desde então, a teoria onomatopaica das origens da linguagem foi sempre a mais evidente para as posições menos críticas. A crítica científica, pelo contrário, procurou reduzir significativamente a importância do fator onomatopaico, sem com isso ter pronunciado a última palavra sobre o problema das origens em geral.

---

[26] Henri Delacroix, *Le langage et la pensée* [A linguagem e o pensamento]. Paris, 1930, p. 128-129. [Salvo indicação em contrário, as notas deste ensaio são do autor.]

[27] Paul Hankamer, *Die Sprache, ihr Begriff und ihre Deutung im sechzehnten und siebzehnten Jahrhundert* [A linguagem: ideia e interpretação nos séculos XVI e XVII]. Bona, 1927.

[28] Benjamin conhece bem esses autores, que tinha estudado a fundo pouco tempo antes, no livro sobre o drama do Barroco alemão (*Origem do drama trágico Alemão*, 1º volume desta série); vd., nesse livro, no capítulo "Alegoria e drama trágico", a subseção "Problemas de teoria da linguagem no Barroco"; e ainda, no mesmo volume, o texto complementar "O significado da linguagem no drama trágico e na tragédia". (N.T.)

Karl Bühler dedicou há pouco tempo um estudo especial a essa questão, onde se lê, a propósito da linguagem, que "Herder e outros afirmaram que outrora ela foi uma 'pintura [sonora]' [*Malen*]".[29] Bühler transformou essa afirmação no seu objeto de pesquisa, esforçando-se por mostrar as circunstâncias que representaram um sério entrave às tendências onomatopaicas das línguas. Remete de passagem para fatos da história das línguas e subscreve a afirmação de Lazarus Geiger de que a linguagem "só em fases evolutivas muito tardias revela uma certa tendência para expressar os objetos de forma representativa";[30] mas a sua argumentação é acima de tudo de natureza sistemática. Não lhe passa pela cabeça negar as possibilidades onomatopaicas da voz humana. Pelo contrário, acentua-as ao máximo; mas pensa que, no geral, a lista dessas possibilidades representa uma lista de "oportunidades perdidas". Segundo Bühler, a atividade onomatopaica da linguagem não teve qualquer influência sobre a totalidade da palavra, podendo apenas expressar-se em determinados espaços do interior da palavra. É o que acontece hoje, e aconteceu antes: "Imaginemos à esquerda o caminho que leva à dominação do princípio onomatopaico, e à direita o que leva à representação simbólica. Ninguém contesta que todas as línguas conhecidas, mesmo a dos Pigmeus de hoje, apenas tolera elementos onomatopaicos. Para além disso, é altamente improvável que durante algum tempo se tenha seguido a via da esquerda, para depois mudar de direção, de tal modo que – como seríamos obrigados a admitir pelo testemunho de todas as línguas conhecidas – os vestígios da primeira tendência fossem completamente apagados".[31] Bühler encontra-se nesse ponto com a opinião de Charles Callet, fixada numa imagem sugestiva: "As marcas onomatopaicas não explicam nenhuma

---

[29] Karl Bühler, "L'onomatopée et la fontion représentative du langage", in: *Psychologie du langage* ["A onomatopeia e a função representativa", in: *Psicologia da linguagem*], de H. Delacroix et al.. Paris, 1933, p. 103; vd. também: Karl Bühler, *Sprachtheorie. Die Darstellungsfunktion der Sprache* [Teoria da linguagem. A função representativa da linguagem]. Jena, 1934, p. 195-216. [A tradução de *Malen* = pintar por "pintura sonora" explica-se pela designação alemã para onomatopeia: *Lautmalerei* = *pintura de sons*. (N.T.)]

[30] L. Geiger, *Ursprung und Entwicklung der menschlichen Sprache und Vernunft* [Origem e evolução da linguagem e da razão humanas]. Stuttgart, 1868, vol. I, p. 168.

[31] Bühler, "L'onomatopée...", 1933, p. 114.

língua; quando muito, explicam os modos de sentir, os gostos de uma raça ou de um povo... Num idioma formado, elas mais não são do que os lampiões e as serpentinas pendurados nos ramos de uma árvore em dias de festa".[32]

Mais estimulantes do que as reflexões cautelosas de Karl Bühler foram, para o debate científico, algumas variantes da teoria onomatopaica que Lévy-Bruhl tentou fundamentar nos seus trabalhos sobre a mentalidade primitiva. Aponta-se aí expressamente o caráter ativo da sua linguagem e destaca-se o hábito do desenho, de cujas origens se falará adiante. "A necessidade da descrição pelo desenho pode encontrar expressão no procedimento a que os exploradores alemães chamaram *Lautbilder* [imagens falantes], ou seja, em desenhos e reproduções do que se queria dizer, produzidos pela voz. A língua da tribo Ewe, diz Westermann, é extraordinariamente rica em meios que permitem expressar imediatamente uma impressão através de sons. Essa riqueza deriva da sua tendência quase irresistível para imitar tudo o que se ouve. E também tudo aquilo que se vê e, em geral, pode ser apreendido, sobretudo o movimento. Mas essas imitações ou reproduções sonoras, essas imagens falantes, estendem-se também aos sons, às cores, às percepções gustativas e impressões táteis... Não se pode falar, nesse caso, de criações onomatopaicas em sentido estrito – trata-se antes de gestos vocais descritivos".[33] Essa concepção das línguas primitivas como gestos vocais descritivos permite, na opinião deste estudioso, decisivamente a compreensão das qualidades mágicas próprias dos primitivos, cuja exposição constitui o centro da sua teoria das línguas primitivas.

As opiniões de Lévy-Bruhl tiveram repercussões muito para além da França, e chegaram também à Alemanha. Basta lembrar a filosofia da linguagem de Ernst Cassirer.[34] A influência de Lévy-Bruhl está patente, por exemplo, na sua proposta de associar os conceitos primitivos da linguagem à sua forma mítica, em vez de compará-los

---

[32] Charles Callet, *Le mystère du langage. Les sons primitifs et leurs évolutions* [O mistério da linguagem. Os sons primitivos e as suas evoluções]. Paris, 1926, p. 86 (= Col. Paléolinguistique et préhistoire [Paleontologia e pré-história]).

[33] Lucien Lévy-Bruhl, *Les fonctions mentales dans les sociétés inférieures* [As funções mentais nas sociedades inferiores]. Paris, 1918, p. 183.

[34] Ernst Cassirer, *Philosophie der symbolischen Formen* [Filosofia das formas simbólicas]. 3 vols. Berlin, 1923-1929.

à forma dos conceitos lógicos. "O que separa os conceitos míticos e os linguísticos dos conceitos lógicos, e permite juntá-los num 'gênero' autônomo, é, em primeiro lugar o fato de em ambos parecer anunciar-se uma mesma orientação mental, oposta à orientação que domina o nosso pensamento teórico. Aí domina não um alargamento da intuição, mas antes uma extrema redução; em vez da expansão, que a leva a atravessar sempre novos círculos do ser, a tendência para a concentração; em vez da sua expansão extensiva, a sua contração intensiva. Nessa convergência de todas as forças para *um* ponto está o pressuposto de todo o pensamento mítico e de toda a figuração mítica".[35] É a mesma concentração e contração que levou Lévy-Bruhl a atribuir às línguas primitivas uma tendência especial para o concreto: "Como aí tudo se exprime em conceitos imagéticos, o vocabulário dessas línguas 'primitivas' deve ter tido uma riqueza de que as nossas apenas nos dão uma pálida ideia".[36] E, por outro lado, é nesses mesmos complexos que a magia da linguagem dos primitivos tem as suas raízes, uma questão a que Cassirer deu a maior atenção: "Definiu-se o ponto de vista mítico como sendo 'complexo', para assim distingui-lo do nosso modo analítico-teórico de encarar os fenômenos. Preuß, que cunhou esse termo, chama por exemplo a atenção para o fato de, na mitologia dos Índios Cora, a contemplação do céu noturno e diurno como *um todo* ter precedido a do Sol, da Lua e das constelações".[37] A opinião é de Cassirer, mas também de Lévy-Bruhl, que vai mais longe nessa mesma direção, afirmando que o mundo dos primitivos não conhece percepção "que não se insira num complexo mítico; não há fenômeno que seja apenas fenômeno, nem sinal que seja apenas sinal: como poderia uma palavra ser uma palavra e mais nada? Toda forma objetal, toda imagem plástica, todo desenho tem qualidades místicas: e a expressão verbal, que é um desenho oral, tem também necessariamente de possuí-las. E esse poder não é apanágio apenas dos nomes próprios, mas de todas as palavras, seja qual for a sua natureza".[38]

---

[35] Ernst Cassirer, *Sprache und Mythos. Ein Beitrag zum Problem der Götternamen* [Linguagem e mito. Um contributo para o problema dos nomes dos deuses]. Leipzig/Berlim, 1925, p. 28-29.

[36] Lévy-Bruhl, 1918, p. 192.

[37] Cassirer, 1925, p. 10-11.

[38] Lévy-Bruhl, 1918, p. 198-199.

A discussão das teses de Lévy-Bruhl apresentou duas vias alternativas. Podia questionar-se a distinção que ele estabelece, e procura fundamentar, entre a mentalidade superior e a primitiva, através da crítica ao conceito tradicional de mentalidade superior, que denuncia traços positivistas; mas podia também pôr-se em questão a ênfase especial que o conceito de mentalidade primitiva recebe nesse estudioso. A primeira via foi a seguida por Bartlett na sua obra *Psychology and Primitive Culture*;[39] a segunda por Leroy, na sua *Raison primitive*. O livro de Leroy é desde logo interessante pelo fato de ele aplicar o método indutivo com grande exatidão, sem seguir o pensamento positivista, que é para Lévy-Bruhl o critério mais natural na sua análise dos fenômenos. A sua crítica começa por apontar as oscilações que marcaram os equivalentes linguísticos de uma mentalidade "primitiva" no decurso da pesquisa etnológica: "Ainda não há muito tempo, o conceito do primitivo nos colocava diante dos olhos o perfil e formas de comportamento de um lendário pitecantropo todo voltado para a obtenção de comida e sem cuidar de 'rituais místicos'. A este selvagem, cuja língua devia estar próxima dos sons onomatopaicos do gibão (macaco da Índia), atribuíam-se meios de expressão muito limitados; e nessa pretensa pobreza do seu vocabulário via-se um traço da mentalidade primitiva. Hoje, pelo contrário, sabemos que as línguas dos primitivos se caracterizam pela riqueza do vocabulário e pela variedade de formas; e essa riqueza é vista, por sua vez, como um sinal, de certo modo como um estigma, do comportamento 'primitivo'".[40]

De resto, nesse contexto da teoria da linguagem, interessa menos a Leroy a crítica dos fatos apresentados por Lévy-Bruhl do que a sua interpretação por este autor. Comenta assim, por exemplo, a tentativa de responsabilizar a mentalidade primitiva pela evidente natureza concreta da linguagem: "Se os Lapões têm palavras diferentes para se referirem a uma rena de um, dois, três, cinco, seis ou sete anos; se dispõem de vinte palavras para o gelo, onze para o frio, quarenta e uma para as diferentes formas de neve e de vinte e seis verbos para

---

[39] F. C. Bartlett, *Psychology and Primitive Culture* [Psicologia e cultura primitiva]. Cambridge, 1923.

[40] Olivier Leroy, *La raison primitive. Essai de réfutation de la théorie du prélogisme* [A razão primitiva. Ensaio de refutação da teoria do prelogismo]. Paris, 1927, p. 94.

designar as diversas formas da geada e do degelo, essa riqueza não é o resultado de uma intenção determinada, mas da necessidade vital de criar um vocabulário que corresponda às exigências de uma civilização ártica. O Lapão distingue as formas mais duras, mais soltas ou em fase de degelo da neve porque, de fato, essas diversas formas correspondem a circunstâncias diferentes que afetam a sua atividade".[41]

Leroy não se cansa de sublinhar o caráter problemático de uma comparação de meros costumes, modos de representação, rituais, com os que lhes correspondem nos povos mais civilizados; e insiste que é preciso investigar as condições particulares das formas da economia, do meio ambiente, da situação social, em cujo contexto muita coisa, que à primeira vista parece opor-se a um comportamento racional, mostra corresponder a fins específicos. Insistência tanto mais justificada quanto a pretensão de encontrar de início sintomas de comportamentos patológicos em fenômenos linguísticos muito divergentes pode ocultar modos e atuação mais simples, mas não menos significativos. Nessa linha, Leroy cita, contra Lévy-Bruhl, o que Bally diz sobre a língua muito particular falada pelas mulheres cafres entre si: "Poderemos estar assim tão seguros de que este caso é diferente do de um oficial de diligências, que, quando está em casa, fala como toda a gente, mas quando redige uma ata usa um jargão que muitos dos seus concidadãos não entendem?".[42]

A importante obra de Leroy é de natureza estritamente crítica, e essa crítica visa, como foi referido, em última análise o positivismo, do qual o "misticismo sociológico" da escola de Durkheim lhe parece ser apenas o inevitável correlato. Esse ponto de vista é particularmente evidente no capítulo sobre "feitiçaria", que contrapõe à interpretação psicológica de certas representações mágicas entre os primitivos uma reflexão igualmente simples e surpreendente. O autor exige comprovativos do grau de realidade ou de evidência que têm os objetos dessas crenças para a comunidade que os segue. Para essa comunidade – mas talvez não apenas para ela. Leroy invoca o testemunho de alguns europeus sobre determinados acontecimentos mágicos, tomando-o, com razão, por concludente. De fato, se é certo que tal testemunho pode

---

[41] Leroy, 1927, p. 100.
[42] Charles Bally, *Le langage et la vie* [A linguagem e a vida]. Paris, 1926, p. 50.

assentar em percepções deformadas, ou modificadas pela sugestão, ele não deixa de contrariar os condicionalismos primitivos específicos de tais crenças. Nada está mais longe dos propósitos de Leroy do que esboçar uma teoria pessoal; e no entanto, em mais de uma passagem torna-se evidente o seu esforço de deixar em aberto a interpretação das descobertas da etnologia, incluindo a romântica, privilegiada por certos teólogos, segundo a qual os chamados "primitivos" mais não seriam do que uma espécie decadente do ser humano original e íntegro, ou – numa formulação mais cautelosa – descendentes inferiores de épocas de civilização superior.

Não se pode, contudo, pensar que a crítica perspicaz e muitas vezes fundamentada de Leroy irá fazer desaparecer do debate crítico as teorias de Lévy-Bruhl. A Sociologia não pode enclausurar-se metodologicamente em nenhum dos seus objetos, porque há uma série de disciplinas interessadas em cada um deles. E uma das que mais interesse mostra pela matéria aqui tratada, a da magia da palavra, é a psicopatologia. Ora, é inegável que as ideias de Lévy-Bruhl têm as maiores afinidades com a problemática científica desse domínio – daí também a grande consideração de que foram objeto. A teoria da magia da palavra não se pode separar, nele, do postulado central dessa teoria, segundo o qual a importância da consciência de identidade é limitada nos primitivos. E as limitações da consciência da identidade – seja qual for a explicação que se lhes dê – encontram-se muitas vezes nos casos de psicoses. E quando Lévy-Bruhl fala de uma cerimônia em que membros de uma mesma tribo sacrificam ao mesmo tempo uma mesma ave – uma ave que é referida como sendo a mesma nos mais diversos locais –, trata-se de um tipo de convicção que não é exclusiva do sonho ou da psicose. A identidade – e não a igualdade ou a semelhança – de dois objetos ou situações diferentes é para eles possível. Há, no entanto, uma reserva que se pode colocar a essa constatação. Tal como a psicose exige de nós uma explicação psicológica, não exigirá a mentalidade primitiva (e, com isso, também indiretamente a psicose) uma explicação histórica? Esta, Lévy-Bruhl não a forneceu. E mais problemática do que a sua confrontação entre a mentalidade primitiva e a histórica, que Leroy pretende refutar, será em Lévy-Bruhl a ausência de mediação entre ambas. A mais lamentável influência da escola de Frazer sobre a sua obra foi a de lhe ter vedado o acesso à dimensão histórica.

Na controvérsia entre os dois pesquisadores há um aspecto com implicações muito particulares: o problema da linguagem gestual. O seu veículo principal é a mão: a linguagem da mão é, para Lévy-Bruhl, a mais antiga que podemos encontrar. Leroy é muito mais reservado a esse respeito. Não apenas por encontrar na linguagem gestual uma forma de expressão não tanto pitoresca como convencional, mas também porque encara a sua expansão como resultado de circunstâncias secundárias, como a de terem de se entender a distâncias a que o som não chega, ou de se comunicar em silêncio com um companheiro em situações de caça, com a presa à vista. E acentua a convicção de que a linguagem gestual não é generalizável, sem exceções, e por isso não pode servir de elo em uma cadeia de gestos expressivos que terão conduzido à linguagem verbal. Não é difícil a Leroy contrariar as teses de Lévy-Bruhl, que muitas vezes parecem ir longe demais. O mesmo não acontece com as reflexões mais simples e sóbrias de Marr, quando escreve: "Na verdade, o homem primitivo, que não dispunha de uma linguagem articulada, sentia-se feliz quando podia de algum modo apontar para um objeto ou mostrá-lo; e para isso tinha um instrumento especialmente adaptado a essa necessidade, a mão, que distingue de forma tão clara o homem dos outros animais. A mão, ou as mãos, eram a língua do homem. Os movimentos das mãos, o jogo fisionômico, e em certos casos os movimentos do corpo, esgotavam as possibilidades de criação linguística".[43] A partir daqui, Marr constrói uma hipótese que pretende substituir por elementos construtivos os aspectos fantásticos da teoria de Lévy-Bruhl. E afirma que "é totalmente impensável que a mão, antes de os utensílios a terem substituído como produtora de objetos materiais, pudesse ter sido substituída como geradora de um valor espiritual como a linguagem, e que já nessa altura uma linguagem articulada pudesse ter surgido no lugar da linguagem gestual das mãos". E que "o fundamento da criação da linguagem sonora" só pode estar ligado "a um qualquer processo produtivo de trabalho". "Sem se determinar mais exatamente a natureza desse trabalho, é possível contestar desde já o postulado de

---

[43] Nikolaus Marr, "Über die Entstehung der Sprache" [Sobre o nascimento da linguagem], in: *Unter dem Banner des Marxismus* [Sob a bandeira do marxismo], n.º 1/1926, p. 587-588.

que o nascimento da linguagem articulada não pode ter acontecido antes da transição da humanidade para formas de trabalho produtivo com o auxílio de utensílios artificiais".[44]

Os escritos de Marr procuraram introduzir no domínio da Linguística uma série de novas ideias, na sua maior parte bastante surpreendentes. Como essas ideias têm, por um lado, um alcance demasiado grande para podermos ignorá-las aqui, mas por outro lado são demasiado controversas para que a sua crítica possa ser feita agora, bastará citar o resumo que delas faz Vendryes: "Essa teoria nasceu no Cáucaso, cujas línguas Marr conhece melhor do que ninguém. Começou por agrupá-las para determinar os seus parentescos. Esse trabalho levou-o para fora do espaço do Cáucaso, e ele acreditou poder afirmar que essas línguas revelavam um surpreendente parentesco com a língua basca. E daí concluiu que as línguas do Cáucaso e o basco, que se conservaram em regiões montanhosas, pouco expostas a ataques exteriores, representam hoje os restos isolados de uma grande família linguística que ocupava a Europa antes da chegada dos indo-europeus. E propôs a designação de 'jafética' para essa família linguística, afirmando que em tempos imemoriais as massas de povos que falavam essas línguas se teriam deslocado, numa cadeia ininterrupta de etnias afins, dos Pirenéus até as mais remotas regiões da Ásia. Nessa imensa região, as línguas jaféticas teriam sido as antecessoras das indo-europeias. É evidente o alcance de uma hipótese como essa".[45]

A doutrina de Marr nunca nega as suas ligações ao materialismo dialético. Decisiva, neste contexto, é a sua preocupação de preterir conceitos como os de raça ou de povo no campo da Linguística, em favor de uma história das línguas fundamentada nas movimentações de classes. Em sua opinião, as línguas indo-europeias de modo nenhum são as línguas de uma determinada raça; representam tão somente um período histórico, e as jaféticas o período pré-histórico de uma única língua. Onde quer que a língua indo-europeia tenha nascido, os seus utilizadores foram apenas uma determinada classe dominante; e com ela, com uma tal classe dominante, disseminou-se, segundo tudo indica, não uma língua indo-europeia concreta e acabada, ou

---

[44] Marr, 1956, p. 593.

[45] J. Vendryes, "Chronique" [Crônica], in: *Revue celtique*, vol. XLI, 1924, p. 291-292.

uma língua original comum, que nunca existiu, mas sim uma nova formação tipológica das línguas que proporcionou a transição das línguas pré-históricas, jaféticas, para as históricas, indo-europeias".[46] Desse ponto de vista, o essencial na vida de uma língua é a ligação da sua evolução com determinados agrupamentos humanos sociais e econômicos, que antecedem as formações de classes e tribos. Cai assim pela base qualquer possibilidade de falar de línguas comuns a todo um povo no passado. Pelo contrário, constata-se a existência de línguas tipologicamente diferentes na mesma formação nacional. "Em resumo: não há fundamento, nem científico, nem real, quando se aborda esta ou aquela língua de uma pretensa cultura nacional como se ela fosse a língua-mãe falada pela massa de toda a população; a língua nacional vista como fenômeno independente de grupos e classes é, por enquanto, uma ficção".[47]

O autor afirma e reafirma que a linguística corrente tem pouca propensão para investigar os problemas sociológicos escondidos nas línguas de camadas oprimidas da população. De fato, é surpreendente constatar como a Linguística, mesmo a mais recente, raramente se interessou pelo estudo do jargão, mesmo numa perspectiva meramente filológica. Uma obra que poderia apontar esse caminho surgiu já há vinte anos, mas mereceu até agora pouca atenção. Falamos de *Génie de l'argot* [O gênio do jargão], de Alfredo Niceforo. A ideia metodológica de fundo nesse livro é a da distinção entre o jargão e a linguagem corrente das classes baixas; mas o cerne sociológico da obra consiste precisamente na caracterização desta última: "A linguagem corrente do povo tem, em certo sentido, um caráter de classe, de que o grupo que a usa se orgulha; e é ao mesmo tempo uma das armas com que o povo oprimido ataca a classe dominante cujo lugar quer ocupar".[48] "Mais do que em qualquer outro contexto, ressalta na expressividade que o ódio encontra aí toda a força pujante e concentrada de que o povo é capaz. Victor Hugo disse de Tácito que a sua língua tem uma

---

[46] Marr, 1926, p. 578-579.

[47] Marr, 1926, p. 583.

[48] Alfredo Niceforo, *Le génie de l'argot. Essai sur les langages spéciaux, les argots et les parlers magiques* [O gênio do jargão. Ensaio sobre as linguagens especiais, as gírias e as fórmulas mágicas]. Paris, 1912, p. 79.

força cáustica mortal. Mas não haverá mais força cáustica e mais veneno numa única frase da linguagem baixa do povo do que em toda a prosa de Tácito?"[49] A linguagem corrente das classes baixas surge, assim, em Niceforo como uma marca de classe, e é uma arma na luta de classes. "Do ponto de vista metodológico, o seu traço dominante encontra-se, por um lado, no deslocamento das imagens e das palavras na direção da expressividade material; por outro lado, na tendência para procurar de forma analógica passagens de uma ideia para outra, de uma palavra para outra."[50] Já em 1909, Raoul de la Grasserie[51] apontara a tendência popular para preferir, na expressão do abstrato, imagens do mundo dos humanos, dos animais, das plantas e mesmo das coisas inertes. O avanço de Niceforo foi o de reconhecer o jargão (no sentido mais amplo da palavra) como instrumento da luta de classes.

A Linguística moderna encontrou na chamada pesquisa das palavras e das coisas um acesso mais mediatizado à Sociologia. O início dessa orientação é geralmente atribuído à revista *Wörter und Sachen* [Palavras e Coisas], fundada por Rudolf Meringer e que atualmente já conta dezesseis anos de vida. Os processos utilizados pelos pesquisadores do círculo de Meringer distinguem-se por uma atenção especial às coisas que as palavras designam. Muitas vezes há um interesse tecnológico que passa aqui para primeiro plano. Essa escola produziu já pesquisas linguísticas sobre o trabalho da terra e o fabrico do pão, sobre a tecelagem e a fiação, sobre o cruzamento e a criação de gado, para citar apenas os mais elementares processos econômicos.[52] Embora por vezes a atenção se fixe mais nos meios de produção do que na comunidade linguística, a passagem dos primeiros

---

[49] Niceforo, 1912, p. 74.

[50] Niceforo, 1912, p. 91.

[51] Raoul de la Grasserie, *Des parlers des différentes classes sociales* [Os modos de falar das diferentes classes sociais]. Paris, 1909 (= Col. Études de psychologie et de sociologie linguistiques [Col. Estudos de psicologia e de sociologia linguísticas]).

[52] Walther Gerig, *Die Terminologie der Hanf- und Flachskultur in den franko-provenzalischen Mundarten* [A terminologia da cultura do cânhamo e do linho nos dialetos franco-provençais]. *Wörter und Sachen*, Caderno 1, Heidelberg, 1913.
Maz Lohss, *Beiträge aus dem landwirtschaftlichen Wortschatz Württembergs nebst sachlichen Erläuterungen* [Contributos a partir do vocabulário agrícola de Würtemberg, com comentários especializados]. *Wörter und Sachen*, Caderno 2, Heidelberg, 1913.

para a segunda acaba por acontecer naturalmente. Gerig conclui o seu estudo dizendo: "As palavras e as coisas andam juntas. A migração dos trabalhadores é um fator que pode levar a palavra a evoluir separada da coisa. Esses trabalhadores migrantes são ainda, e foram antes, um fator tão importante na vida econômica de cada país que muitos termos técnicos migraram necessariamente com eles de um país para outro. Todos os estudos de terminologia agrícola e dos seus processos de trabalho terão de examinar mais de perto essas influências. Com os trabalhadores, palavras do seu país migram para regiões estrangeiras, do mesmo modo que expressões estrangeiras regressam com eles aos respectivos países".[53]

Os objetos e os problemas tratados de uma perspectiva histórica em trabalhos desse tipo encontram-se também na investigação em geral, na sua forma atual. Não apenas no campo científico, mas de forma ainda mais decisiva na prática, a começar pelos esforços de normalização linguística por parte dos técnicos, particularmente interessados na desambiguização do vocabulário que usam. Em 1900, a Ordem dos Engenheiros Alemães começou a trabalhar no ambicioso projeto de um léxico tecnológico. Em três anos reuniram-se mais de três milhões e meio de fichas, mas "em 1907 a Direção calculou que seriam necessários quarenta anos para, com os mesmos colaboradores, ter o dicionário pronto para impressão. Os trabalhos foram suspensos, depois de ter sido gasto meio milhão de Marcos".[54] Chegou-se à conclusão de que, num dicionário tecnológico, a referência ao objeto deve ser servida por uma ordem sistemática, e que a ordem alfabética não serve para esse tipo de obra de referência. Vale a pena lembrar ainda que esses novos problemas, que se situam em zonas de fronteira da

---

Gustave Huber, *Les appellations du traîneau et de ses parties dans les dialectes de la Suisse romane* [As designações do trenó e das suas peças nos dialetos da Suíça românica]. Wörter und Sachen, Caderno 3, Heidelberg, 1916.
Max Leopold Wagner, *Das ländliche Leben Sardiniens im Spiegel der Sprache* [A vida rural da Sardenha através da sua língua]. *Wörter und Sachen*, Caderno 4, Heidelberg, 1921.

[53] Gerig, 1913, p. 91.
[54] Eugen Wüster, *Internationale Sprachnormung in der Technik, besonders in der Elektrotechnik* [Normalização internacional da terminologia técnica, com especial incidência na eletrotécnica]. Berlim, 1931.

Linguística, mereceram a atenção dos autores do mais recente balanço da disciplina. No seu estudo sobre "O lugar da língua na construção global da civilização",[55] Leo Weisgerber – o atual diretor da revista *Wörter und Sachen* – deu uma atenção muito especial à articulação entre a língua e a cultura material. De resto, vêm dos esforços de normalização por parte da técnica as mais sérias propostas de constituição de uma língua universal, cuja ideia, no entanto, tem já uma árvore genealógica de um século. E essa árvore, particularmente nos seus ramos voltados para a Lógica, corresponde a um objeto cujo estudo seria de grande utilidade também para os sociólogos. O Círculo de Viena, e a sua "Sociedade de Filosofia Empírica", deu novos impulsos a esse ramo lógico.

Carnap trouxe recentemente um contributo importante a essa área. O sociólogo que se interesse pelas descobertas da Lógica não poderá ignorar que os interesses dessa disciplina se concentram exclusivamente nas funções representativas dos signos. Carnap escreve: "Quando dizemos que a sintaxe lógica trata a língua como um cálculo, isso não significa que se veja a língua apenas como um cálculo. Diz-se apenas que a sintaxe se limita ao tratamento do que é calculável, do lado formal da língua. Mas uma língua propriamente dita apresenta outros aspectos".[56] A Lógica ocupa-se da forma de representação da língua como um cálculo. O mais curioso é que se reclama da justeza do seu nome, Lógica: "A opinião corrente é a de que, no fundo, a sintaxe e a lógica são teorias muito diferentes, e que, contrariamente às regras da sintaxe, as da lógica não seriam de ordem formal. Contra essa ideia desenvolveremos aqui a opinião de que também a Lógica tem de analisar as proposições de um ponto de vista formal. Veremos como os atributos lógicos das proposições dependem apenas da sua estrutura sintática. A diferença entre as regras sintáticas em sentido estrito e as regras da inferência lógica é apenas a da diferença entre regras formais e regras transformacionais; mas ambas usam exclusivamente

---

[55] Leo Weisgerber, "Die Stellung der Sprache im Aufbau der Gesamtkultur" (2ª Parte, II - Língua e cultura material), in: *Wörter und Sachen*, vol. XVI, 1934, p. 97-138.

[56] Rudolf Carnap, *Logische Syntax der Sprache* [Sintaxe lógica da língua]. Viena, 1934 (= Col. Publicações para uma leitura científica do mundo, vol. 8).

determinações sintáticas".[57] No entanto, a cadeia argumentativa aqui anunciada não escolhe os seus elos na linguagem verbal. A "sintaxe lógica" de Carnap trabalha com as chamadas "linguagens de coordenadas", entre as quais escolhe duas: a primeira, a "linguagem" da Aritmética elementar, abarca apenas símbolos lógicos, enquanto a segunda, a da Matemática clássica, opera também com signos descritivos. A exposição desses dois tipos de cálculo constitui a base de uma "sintaxe de toda e qualquer língua", que coincide com a lógica geral da ciência. Nessas considerações mostra-se a possibilidade da tradução para o discurso formal, ou seja, em proposições sintáticas, como "critério" que separa, por um lado, as autênticas proposições lógico-científicas das proposições protocolares da ciência empírica e, por outro lado, também das restantes "proposições filosóficas", a que se poderia chamar metafísicas: "As proposições da lógica científica são formuladas enquanto proposições sintáticas, mas isso não dá acesso a nenhum outro campo de trabalho, porque as proposições da sintaxe são em parte proposições da Aritmética, em parte da Física, sendo que estas só são designadas de proposições sintáticas porque se referem a formações linguísticas. A sintaxe pura e descritiva mais não é do que Matemática e Física da língua".[58] O complemento dessa reflexão, e da distinção, pela Lógica, da Filosofia em lógica científica e metafísica é o seguinte: "As supostas proposições da metafísica são pseudoproposições, já que não possuem qualquer conteúdo teórico...".[59]

Os representantes dessa vertente da Lógica não foram os primeiros a trazer ao debate a sintaxe lógica das línguas. Antes deles Husserl já tinha dado o seu contributo para esclarecer esses problemas, e ainda um outro, contemporâneo deles.[60] Aquilo a que Husserl dá o nome de "gramática pura" chama-se na obra fundamental de Bühler, que

---

[57] Carnap, 1934, p. 1-2.
[58] Carnap, 1934, p. 210.
[59] Carnap, 1934, p. 204.
[60] Edmund Husserl, *Logische Untersuchungen. II: Untersuchungen zur Phänomenologie und Theorie der Erkenntnis* [Investigações lógicas. II: Investigações sobre fenomenologia e teoria do conhecimento]. Halle, 1901. Edmund Husserl, *Méditations Cartésiennes. Introduction à la phénoménologie* [Meditações cartesianas. Introdução à fenomenologia]. Trad. do alemão por Gabrielle Pfeiffer e Emmanuel Levinas. Paris, 1931.

para ele remete muitas vezes, "sematologia". O seu programa aspira a "uma ocupação com os axiomas que se podem extrair, por redução, do patrimônio da pesquisa linguística de sucesso. D. Hilbert designa esse processo de pensamento axiomático, e exige a sua aplicação a todas as ciências".[61] Esse interesse axiomático de Bühler remete, em última análise, para Husserl, mas ele cita, ao abrir o seu livro, como mestres de uma "investigação linguística de sucesso", Heramnn Paul e Saussure. Ao primeiro vai buscar a ideia de que os mais eminentes empíricos ganhariam muito com uma fundamentação adequada da Linguística, que H. Paul lhes oferece, já que as mais habituais, na Física e na Psicologia, estão ultrapassadas. A remissão para Saussure não tem tanto a ver com a sua distinção fundamental entre uma linguística da fala e uma linguística da língua, mas mais com o que nele se apresenta como "lamento metodológico": "Ele sabe que as ciências da linguagem são o cerne de uma sematologia geral. Mas ainda não consegue retirar dessa ideia redentora a força que lhe permita explicar como logo nos primórdios da Linguística estão presentes não a Física, a Fisiologia ou a Psicologia, mas pura e simplesmente fatos linguísticos".[62]

Para demonstrar esses fatos, o autor constrói um "modelo instrumental da linguagem", retomando com ele, contra o individualismo e o psicologismo do século anterior, a análise objetiva da linguagem fundada por Platão e Aristóteles, que corresponde amplamente aos interesses da sociologia. Com base nesse modelo, Bühler define as três funções da linguagem: a informativa, a performativa e a representativa. Os termos aparecem no seu estudo sobre a proposição, de 1918.[63] Na posterior *Teoria da linguagem*, essas funções são designadas de expressiva, apelativa e representativa. O núcleo mais importante da obra centra-se no tratamento do terceiro fator: "Uma geração atrás, Wundt colocou a linguagem articulada dos humanos no centro de tudo o que se relaciona com a 'expressão' no mundo animal e humano... Quem defende o ponto de vista de que a expressão e a representação

---

[61] Bühler, 1934, p. 20.
[62] Bühler, 1934, p. 9.
[63] K. Bühler, "Kritische Musterung der neueren Theorien des Satzes" [Análise crítica das mais recentes teorias da proposição], in: *Indogermanisches Jahrbuch*, vol. 6, 1918.

correspondem a estruturas diferentes, terá de resolver o problema de elaborar uma segunda teoria comparativa que lhe permita colocar a língua no centro de todo o resto que, com ela, tem por finalidade a representação".[64] Voltaremos ao conceito fundamental a que Bühler chega com essas suas considerações. Perguntamos agora que significado adquire naquele modelo instrumental o conceito de função performativa ou apelativa.

Bühler recorre para isso a Brugmann,[65] que se propôs demonstrar que, por analogia com os modos actanciais que se podem distinguir nos verbos, existem modos dêiticos, cuja diversidade se manifesta nos pronomes demonstrativos. Na sequência desse pressuposto, o autor atribui à função performativa, apelativa ou de sinalização um nível próprio, que define como campo dêitico. Não é possível resumir em poucas palavras o modo como o autor define o centro desse campo através da marcação do "aqui", do "agora" e do "eu", como acompanha os caminhos da língua desde o objeto real até à *deixis do fantasma*. Bastará mencionar que "o dedo indicador, o instrumento natural da *demonstratio ad oculos* é, de fato, substituído por outros meios de "mostração", mas também que a ajuda que ele e os seus equivalentes podem fornecer nunca poderá ser inteiramente eliminada".[66] Por outro lado, faz sentido uma limitação do seu alcance: "Encontramos hoje aqui e ali um mito moderno das origens da linguagem que trata o tema dos termos demonstrativos como se eles fossem por excelência as palavras primordiais da linguagem humana. Mas é preciso acentuar que a *deixis* e a nomeação correspondem a duas classes de palavras bem distintas, não se podendo concluir, por exemplo no caso do indogermânico, que uma deriva da outra. Temos de distinguir claramente as palavras que mostram e as que nomeiam, e a sua diferença não pode ser anulada por nenhuma especulação sobre as origens".[67]

---

[64] Bühler, 1934, p. 150.

[65] Karl Brugmann, *Die Demonstrativpronomina der indogermanischen Sprachen. Eine bedeutungsgeschichtliche Untersuchung* [Os pronomes demonstrativos das línguas indogermânicas. Um estudo de semântica histórica]. Leipzig, 1904 (=Estudos da classe histórico-filológica da Real Sociedade Científica da Saxónia, vol. 22, n.º 6).

[66] Bühler, 1934, p. 80.

[67] Bühler, 1934, p. 86 segs..

A teoria bühleriana dos denominativos é, como a dos demonstrativos, uma teoria de campo: "Os termos denominativos funcionam como símbolos e recebem um preenchimento semântico específico, em contexto *syn*-semântico... O que se apresenta neste livro é uma teoria do duplo campo".[68] A sua importância deriva em grande parte do fato de as categorias de Bühler, criadas por interesses metodológicos, se terem revelado muito fecundas no campo da pesquisa histórica. O amplo processo da história das línguas encontra naqueles campos o seu cenário: "Podemos imaginar no longo processo de evolução da linguagem humana classes de apelos dêiticos como elementos primordiais. Mas depois veio a necessidade de trazer à fala coisas ausentes, o que implicava uma necessidade de libertar a expressão dos seus laços com uma dada situação... Começa aí a fuga da expressão verbal do campo dêitico da *demonstratio ad oculos*".[69] Mas precisamente na medida em que "as manifestações linguísticas, no âmbito dos seus conteúdos representativos, se libertam dos momentos das situações de comunicação verbal concreta, os signos linguísticos submetem-se a uma nova ordem e os valores do seu campo específico situam-se na esfera do símbolo".[70] A emancipação da representação linguística em relação a situações de fala concretas corresponde ao ponto de vista a partir do qual o autor procura compreender de forma unitária as origens da linguagem, rompendo com as habituais reservas ostensivas da ßescola francesa – pensemos, por exemplo, em Delacroix – em relação a esse problema. Irá certamente despertar grande interesse no futuro o moderno "mito das origens da linguagem" que ele anuncia fundamentando-se nas conclusões a que chegou na sua teoria da linguagem.

Se os trabalhos de pesquisa referidos podem integrar-se melhor ou pior no espaço de uma sociologia progressista, isso não quer dizer que não existam igualmente, no momento atual, tendências regressivas que procuram afirmar-se. Não vamos discutir aqui se será por um simples acaso que elas surgem raramente no âmbito da sociologia da linguagem. Será difícil negar que existem determinadas afinidades

---

[68] Bühler, 1934, p. 81.
[69] Bühler, 1934, p. 379.
[70] Bühler, 1934, p. 372.

eletivas entre algumas disciplinas científicas, por um lado, e posições políticas, por outro. Entre os matemáticos são raros os fanáticos da raça. E também no seu polo oposto no *orbis scientiarum*, o da Linguística, a atitude conservadora que frequentemente encontramos parece andar quase sempre junto com aquela distinta serenidade cuja dignidade humana os Irmãos Grimm marcaram de forma tão comovente. Mesmo uma obra como a de Schmidt-Rohr, *Die Sprache als Bildnerin der Völker*,[71] não pôde furtar-se completamente a essa tradição, apesar de se aproximar tanto quanto possível de ideários nacionalistas. O autor dividiu a obra em duas grandes partes, com os títulos "O ser" e "O dever-ser". O que não impede que a atitude presente na segunda parte – cuja proposta de fundo se concentra na frase: "O povo" (isto é, um dado natural) "deve devir nação" (isto é, uma unidade cultural fundada na língua) – influencie de forma decisiva a atitude da primeira. E isso se manifesta num irracionalismo que se tornou regra na literatura de orientação nacionalista, e que impõe ao autor uma filosofia voluntarista da linguagem na qual intervêm como fatores salvadores a arbitrariedade e o destino, antes mesmo de o conhecimento obtido pelo estudo da vida histórica das línguas poder abrir caminho às tarefas que se colocam a uma autêntica filosofia da linguagem. A análise comparativa do vocabulário das várias línguas revela ser uma base demasiado estreita para a temática universal que o autor se propõe tratar. E por isso ele não consegue articular as suas ideias globais com o plano concreto, como acontece nos melhores trabalhos da série "Palavras e Coisas". A passagem que a seguir se cita evidencia os limites dos conhecimentos de Schmidt-Rohr não apenas no plano social, mas também no da sua teoria da linguagem, que aprendeu alguma coisa com Humboldt, mas nada com Herder: "No corpo, no povo, acontece uma forma de vida superior à que encontramos na célula individual. Assim, a humanidade não é, de fato, mais do que a soma de todos os povos, se quisermos, de todos os indivíduos, mas não soma no sentido de uma totalidade. Humanidade é, essencialmente, apenas um conceito linguístico, um conceito linguístico

---

[71] Georg Schmidt-Rohr, *Die Sprache als Bildnerin der Völker. Wesens- und Lebenskunde der Volkstümer*. [A Língua como formadora dos povos. Essência e vida do património de um povo]. Iena, 1932.

que tem a sua importância para a economia do pensar, um conceito que permite abranger o conjunto da humanidade e das suas características, e distingui-lo do reino dos animais, da animalidade".

Especulações como essa, de malha tão larga, são ultrapassadas no seu alcance por estudos especializados em áreas mais definidas. Não é possível integrar Schmidt-Rohr na vanguarda dos pesquisadores atuais do mesmo modo que Köhler ou Bühler, com os seus estudos especializados sobre a linguagem dos chimpanzés. Porque tais pesquisas trazem contributos importantes a problemas centrais da Linguística, ainda que de forma mediatizada. Tanto à velha questão das origens da linguagem como à mais recente, a das relações entre linguagem e pensamento. Há que reconhecer um mérito especial ao trabalho de Wygotsky que mostra como os resultados obtidos nas pesquisas sobre chimpanzés são importantes para definir os fundamentos da Linguística. Podemos voltar à doutrina de Marr, segundo a qual a manipulação de utensílios deve ter sido anterior ao uso da linguagem. E como a primeira não é possível sem o pensamento, isso significa que deve ter havido um tipo de pensamento anterior à fala. E de fato esse tipo de pensamento foi muito valorizado recentemente, e Bühler encontrou mesmo uma designação para ele, a de pensamento instrumental. Esse pensamento instrumental é independente da linguagem, e encontramo-lo num estágio bastante evoluído no chimpanzé (Köhler desenvolveu bastante este ponto[72]). "A existência de um intelecto semelhante ao dos humanos na ausência de uma linguagem minimamente semelhante à dos humanos, e a autonomia das operações intelectuais em relação à sua 'linguagem'"[73] – é esta a conclusão mais importante a que Köhler chega com os seus chimpanzés. Se existe uma linha da inteligência primitiva – do pensamento instrumental – que leva dos meios de comunicação mais simples, improvisados, até a produção do instrumento, que, segundo Marr, liberta a mão para as tarefas da linguagem, então a esse processo de aprendizagem do intelecto corresponde

---

[72] W. Köhler, *Intelligenzprüfungen an Menschenaffen* [Testes de inteligência em macacos superiores]. Berlim, 1921.

[73] L. S. Wygotski, "Die genetischen Wurzeln des Denkens und der Sprache" [As raízes genéticas do pensamento e da linguagem], in: *Unter dem Banner des Marxismus*, n.º 3, 1929, p. 454.

um outro, da capacidade expressiva gestual ou acústica que, no entanto, uma vez que é pré-linguística, permanece inteiramente ao nível do comportamento reativo. E é precisamente a autonomia dos mais antigos impulsos "linguísticos" em relação ao intelecto que nos leva para fora do âmbito da linguagem dos chimpanzés para o da linguagem animal em geral. Dificilmente se poderá duvidar de que a função emocional-reativa da linguagem, de que estamos falando, "pertence aos mais antigos comportamentos biológicos, geneticamente aparentados com os sinais ópticos e sonoros dos chefes das hordas animais".[74] O resultado dessas reflexões é a fixação do ponto geométrico da origem da linguagem, no cruzamento de uma coordenada da inteligência com outra, gestual (da mão ou sonora).

A questão das origens da linguagem tem a sua correspondência ontogenética na esfera da linguagem infantil. Esta, aliás, está em condições de lançar luz sobre os problemas filogenéticos, e é isso que faz Delacroix no seu trabalho "Au seuil du langage" ["No limiar da linguagem"]. Delacroix parte de uma observação de um especialista inglês de chimpanzés, Yerkes, que avança a hipótese de que, se o chimpanzé dispusesse, para além do seu grau de inteligência, de uma propensão acústico-motora para a imitação, como a dos papagaios, ele poderia falar. Delacroix contesta essa opinião recorrendo à psicologia da linguagem infantil, comentando: "A criança só aprende a falar porque vive num mundo de linguagem e está sempre ouvindo falar. A aquisição da linguagem pressupõe um estímulo muito amplo e permanente, cuja condição é a sociedade humana. Por seu lado, a criança corresponde plenamente a isso: aprende não apenas a língua em que se fala com ela, como também a que ouve à sua volta. Aprende em sociedade, e aprende sozinha. Essas condições faltam à experiência de Yerkes. E se o seu animal, que até pode viver num ambiente humano, ao contrário da criança, permanece indiferente aos sons das pessoas à sua volta, e também não aprende a língua sozinho, então deve haver boas razões para isso".[75] Em resumo: "O sentido do ouvido é, no homem, intelectual e social, mas fundado num sentido puramente físico. O mais vasto domínio a que se refere o sentido do

---

[74] Wygotski, 1929, p. 465.
[75] Henri Delacroix, "Au seuil du langage", in: *Psychologie du langage*, 1933, p. 14-15.

ouvido é, no universo humano, o mundo das relações de linguagem". E o autor acrescenta esta reveladora observação: "Por isso o sentido do ouvido é tão vulnerável aos efeitos do delírio da relação".[76] A reação acústico-motora que está na base da aquisição de linguagem nos humanos é, assim, totalmente diferente da dos papagaios, porque socialmente orientada: "Visa essencialmente o ser-se compreendido".[77] Já Humboldt apresentava essa intenção de ser compreendido como princípio de toda manifestação verbal articulada.

A compreensão da linguagem infantil recebeu nos últimos anos impulsos decisivos das pesquisas de Piaget.[78] Os estudos de psicologia da linguagem aplicados a crianças, desenvolvidos por Piaget com rigor e persistência, foram decisivos para esclarecer uma série de questões controversas. Refiram-se, a título de exemplo, as ideias de Piaget que Weisgerber aproveita para, no estudo atrás citado, contrapor à mitologia da linguagem de Cassirer.[79] É sobretudo necessário, no contexto atual, atentar-se para o conceito, avançado por Piaget, da linguagem infantil egocêntrica. A linguagem infantil, afirma Piaget, segue por duas vias distintas. Existe, por um lado, como linguagem socializada e, por outro, como linguagem egocêntrica. Esta última só é propriamente linguagem para o sujeito que fala, não função comunicativa. Os registros de Piaget mostram que essa linguagem, na sua literalidade estenográfica, permanece incompreensível até que tenhamos acesso à situação que lhe deu origem. Mas, por outro lado, essa função egocêntrica não pode ser compreendida sem ser em articulação estreita com os processos de pensamento. Prova disso é o fato de ela se tornar mais evidente quando surge uma perturbação do comportamento, ou um obstáculo na execução de uma tarefa. Isso levou Wygotski a conclusões importantes, depois de ter feito experiências com crianças utilizando métodos semelhantes aos de Piaget: "As nossas pesquisas", explica, "mostraram que o coeficiente de linguagem egocêntrica, em situações de dificuldade, subia rapidamente quase para o dobro do coeficiente normal de Piaget. As nossas

---

[76] Delacroix, 1933, p. 16.

[77] Delacroix, 1933, p. 16.

[78] Jean Piaget, *Le langage et la pensée chez l'enfant* [A linguagem e o pensamento na criança] (vol. I). Neuchâtel, 1923.

[79] Weisgerber, 1934, p. 32.

crianças, ao se depararem com uma dificuldade, revelavam sempre um aumento da linguagem egocêntrica. Consideramos, por isso, legítima a hipótese de que a maior dificuldade ou a interrupção de uma ocupação que está a decorrer facilmente é um fator importante de produção de linguagem egocêntrica. O pensamento só entra em ação quando a atividade que até aí decorreu sem perturbações é interrompida".[80] Em outras palavras: a linguagem egocêntrica ocupa na infância o exato lugar que mais tarde é reservado ao processo de pensamento propriamente dito. Ela revela-se assim como precursora, e mesmo formadora, do pensamento. "A criança aprende a sintaxe da língua antes da sintaxe do pensamento. As investigações de Piaget mostraram, sem margem para dúvidas, que o desenvolvimento gramatical da criança precede o seu desenvolvimento lógico."[81]

A partir daqui impõem-se algumas correções aos pressupostos behavioristas do problema "linguagem e pensamento". Esforçando-se por construir uma teoria do pensamento no quadro da sua teoria do comportamento, os behavioristas recorreram naturalmente à fala, sem, no fundo, produzirem resultados verdadeiramente novos, limitando-se antes a apropriar-se das teorias controversas de Lazarus Geiger, Max Müller e outros. Tais teorias pretendem construir o pensamento como uma "fala interior", uma fala que consistiria numa inervação mínima do aparelho articulatório, dificilmente mensurável sem o recurso a instrumentos de medida particularmente exatos. Da tese de que o pensamento, objetivamente, mais não é do que uma fala interior, Watson passou a investigar os fatores intermediários entre linguagem e pensamento. Essa ligação ele encontra no que designa de "linguagem ciciada". Contra essa hipótese, Wygotski lembra que tudo o que sabemos da linguagem ciciada das crianças "é contrário à ideia de que a linguagem ciciada corresponde a um processo de transição entre a linguagem exterior e a interior".[82] O que se disse confirma que a teoria behaviorista terá de ser corrigida a partir dos estudos sobre a linguagem egocêntrica das crianças. Bühler é um dos autores que, recentemente, encetou uma proveitosa discussão com o

---

[80] Wygotski, 1929, p. 612.
[81] Wygotski, 1929, p. 614.
[82] Wygotski, 1929, p. 609.

behaviorismo,[83] partindo do estudo de Tolman *Purposive Behavior in Animals and Men*,[84] para insistir em que, nas origens da linguagem, o sinal assume um papel decisivo, paralelamente aos estímulos.

Desse modo, a reflexão improvisada de Watson sobre alguns aspectos da fonética não o leva muito longe. Em contrapartida, podemos extrair dessa reflexão conclusões relevantes, se ela for levada a cabo de modo metódico, como acontece com Richard Paget. Este estudioso parte de uma definição de linguagem que à primeira vista pode parecer surpreendente: entende-a como uma gesticulação dos instrumentos de fala. O elemento primário é para ele o gesto, não o som; e o primeiro não se altera quando se reforça o som. Na maior parte das línguas europeias, tal como nas indianas, tudo pode ser dito em tom ciciado, sem que isso afete a compreensão. "A compreensão do que é dito de modo nenhum exige a intervenção do mecanismo da laringe, nem a reverberação do ar nas caixas de ressonância vocálicas do palato, da boca ou do nariz, como acontece quando se fala em voz mais alta."[85] Segundo Paget, o elemento fonético assenta num elemento mimético-gestual. A obra do padre jesuíta Marcel Jousse mostra que, com essa hipótese, ele se encontra num ponto nodal da pesquisa contemporânea, ao chegar a resultados muito afins deste: "O tom característico não é necessariamente de tipo onomatopaico, como tantas vezes se afirmou. A função do som é antes, em primeiro lugar, a de aperfeiçoar o significado de um determinado gesto mimético. Mas é apenas fenômeno complementar, suporte acústico de uma linguagem gestual óptica e em si mesma compreensível. Pouco a pouco, cada gesto característico foi sendo acompanhado por um som que lhe correspondia. E se essa gesticulação da boca e da garganta era menos expressiva, por outro lado exigia menos esforço e energia do que os gestos do corpo ou mesmo da mão. E assim se impôs ao longo do tempo, o que não invalida a extraordinária importância da investigação do sentido original daquilo que até agora era visto

---

[83] Bühler, 1934, p. 38.

[84] E. C. Tolman, *Purposive Behavior in Animals and Men* [Comportamentos intencionais nos animais e no homem]. Nova Iorque, 1932.

[85] Richard Paget, *Nature et origine du langage humain* [Natureza e origem da linguagem humana]. Paris, 1925, p. 3.

como as raízes da linguagem. E nesse sentido essas raízes mais não seriam do que transposições acústicas de antigos movimentos expressivos espontâneos".[86] Três experiências planejadas por Bühler nesse contexto, sobre a experiência linguística de três crianças, prometem ser esclarecedoras; delas ele extraiu a significativa conclusão de que "a *to-deixis* [o ato de mostrar] de Brugmann é de fato assumida por sons dentais".[87] Compare-se com o que escreve Paget: "O sorriso inaudível transformou-se num 'haha' emitido ou ciciado, o gesto de comer transformou-se num 'mnha, mnha' audível (ciciado), o de sorver pequenas quantidades de líquido é o antepassado da nossa palavra atual 'sopa'! E por fim veio a importante descoberta de que os sons guturais de rugidos e grunhidos podiam ligar-se aos movimentos da boca, e a fala ciciada, quando associada a um som gutural, se tornava perceptível e audível a uma distância dez a vinte vezes maior do que antes".[88] E assim se associa, segundo Paget, a articulação como gesto do grande aparelho da linguagem ao grande círculo da linguagem mimética corporal. O seu elemento fonético é o suporte de uma comunicação cujo substrato original foi um gesto expressivo.

Com as propostas de Paget e Jousse, contrapõe-se à ultrapassada teoria onomatopaica, que se pode designar de mimética em sentido estrito, uma outra teoria mimética de muito maior alcance. É um grande arco, aquele que foi traçado no campo da teoria da linguagem desde as especulações metafísicas de Platão, até os mais recentes testemunhos. "Em que consiste então a verdadeira natureza da linguagem falada? A resposta, esboçada em Platão, desenvolvida pelo Abade Sébastien de Castres em 1794, formulada pelo Dr. J. Rae em Honolulu em 1862, renovada em 1896 por Alfred Russell Wallace e, finalmente, retomada pelo autor deste estudo, é que a linguagem falada é apenas uma forma de um instinto animal fundamental: o instinto do movimento expressivo mimético pelo corpo".[89]

---

[86] Frédéric Lefèvre, "Marcel Jousse, une nouvelle psychologie du langage" [Marcel Jousse, uma nova psicologia da linguagem], in: *Les cahiers d'Occident*, vol. I, n.º 10, p. 77.

[87] Bühler, 1934, p. 219.

[88] Paget, 1925, p. 12-13.

[89] R. A. S. Paget, "L'évolution du langage", in: *Psychologie du langage*, 1933, p. 93.

A esse propósito, uma palavra de Mallarmé que poderia servir de lema para "Lâme et la danse" ["A alma e a dança"], de Valéry: "A dançarina não é uma mulher [que dança, por razões que fazem dela não uma mulher], mas uma metáfora que resume um dos aspectos elementares da nossa forma: gládio, taça, flor, etc.". Essa perspectiva, que descobre as raízes da expressão linguística e da balética numa e mesma faculdade mimética, leva-nos ao limiar de uma fisiognomia da linguagem que ultrapassa em muito, em alcance e dignidade científica, os primitivos ensaios onomatopaicos. Bastará chamar a atenção para a obra que deu forma mais acabada ao tratamento desse problema: as *Grundfragen der Sprachphysiognomik*, de Heinz Werner,[90] onde se mostra que os meios de expressão da linguagem são tão inesgotáveis como as suas capacidades representativas. Rudolf Leonhard[91] desenvolveu um trabalho nesta mesma direção. Essa fonética fisiognômica abre novos caminhos para o desenvolvimento futuro da linguagem. Paget observa: "É curioso, e um sinal da extraordinária lentidão da evolução humana, que o homem civilizado não tenha, até hoje, aprendido a prescindir de movimentos da cabeça e das mãos como elementos expressivos das suas opiniões... Quando é que aprenderemos a tocar com arte e engenho aquele maravilhoso instrumento que é a voz, de modo a dispormos de uma série de sons de igual alcance e perfeição? Uma coisa é certa: ainda não passamos por esse processo de aprendizagem. Por enquanto, ainda todos os produtos existentes da literatura e da retórica são apenas configurações elegantes e inventivas de elementos formais ou fonéticos da linguagem, que por seu lado são totalmente selvagens e não cultivados, tendo-se formado de forma natural sem intervenção consciente da humanidade".[92]

Esse olhar para longe, para um tempo distante em que as aquisições da sociologia da linguagem sirvam não apenas à compreensão da linguagem, mas também às suas transformações, poderá servir de conclusão a essas considerações. De resto, é sabido que, com tentativas

---

[90] Heinz Werner, *Grundfragen der Sprachphysiognomik* [Questões fundamentais da fisiognomia da linguagem]. Leipzig, 1932.

[91] Rudolf Leonhard, *Das Wort* [A palavra]. Berlim-Charlottenburg, 1932 (= Col. Entr'act-Bücherei, 1/2).

[92] Paget, 1925, p. 14-15.

como as de Paget, a sociologia da linguagem retoma tendências antigas e significativas. Os esforços para um aperfeiçoamento técnico da linguagem encontraram desde há muito expressão nos projetos de criação de uma *língua universalis*. Na Alemanha, Leibniz é o seu mais conhecido representante, na Inglaterra eles remontam a Bacon. O que distingue Paget é o olhar aberto e amplo com que considera a evolução de todas as energias da linguagem. Num momento em que outros negligenciam, para além da função semântica da linguagem, o seu caráter expressivo intrínseco, as suas potencialidades fisiognômicas, para Paget esses aspectos são tão importantes como o primeiro para os desenvolvimentos por vir. Faz assim jus à velha verdade que recentemente foi formulada por Goldstein de forma marcante, ao recorrer a ela pela via indireta da investigação indutiva no seu campo de trabalho muito especial. A linguagem de um paciente que sofre de afasia serve-lhe de modelo exemplar para uma linguagem que seria apenas instrumental: "Não seria possível encontrar melhor exemplo para mostrar como é errado considerar a linguagem como um instrumento. Aquilo a que assistimos foi o aparecimento da linguagem em casos nos quais ela serve apenas de instrumento. Também acontece nas pessoas normais que a linguagem seja utilizada apenas como instrumento. Mas essa função instrumental pressupõe que, no fundo, a linguagem representa qualquer coisa de muito diferente, do mesmo modo que para o doente, antes da doença, ela representava outra coisa. Desde que o homem se sirva da linguagem para estabelecer uma relação viva consigo próprio ou com os outros, aquela deixa de ser um instrumento, mero meio, sendo antes uma manifestação, uma revelação da nossa essência mais íntima e do laço psíquico que nos liga a nós próprios e aos nossos semelhantes".[93]

É esse o ponto de vista que, de forma expressa ou implícita, está no início de toda a sociologia da linguagem.

---

[93] Kurt Goldstein, "L'analyse de l'aphasie et l'étude de l'éssence du langage" [A análise da afasia e o estudo da essência da linguagem], in: *Psychologie du langage*, 1933, p. 495-496.

Tradução

A tarefa do tradutor

Em caso algum a preocupação com o destinatário se revela fecunda para o conhecimento de uma obra de arte ou de uma forma artística. E é assim não apenas porque toda relação com um público determinado ou com os seus representantes corresponde a um desvio, mas também porque até o conceito de destinatário "ideal" é nefasto em toda reflexão no âmbito da teoria da arte, porque a função desta última é tão somente a de pressupor a existência e a essência do homem em geral. A própria arte pressupõe a existência corpórea e espiritual do homem – mas em nenhuma das suas obras a sua atenção. De fato, nenhum poema se destina ao leitor, nenhum quadro ao observador, nenhuma sinfonia aos ouvintes.

Destinar-se-á uma tradução aos leitores que não entendem o original? Isso parece suficiente para explicar a diferença de nível entre ambas as coisas no plano artístico. Para além disso, parece também ser a única razão possível para o fato de alguém dizer "a mesma coisa", repetindo-a. Que coisa "diz", afinal, uma obra literária? Sobre que realidade informa? Diz e informa muito pouco àquele que a compreende. O que nela há de essencial não é da ordem da informação [*Mitteilung*] nem do enunciado. E no entanto, uma tradução que pretendesse servir de meio de comunicação não poderia fazer passar mais que a informação – ou seja, algo de inessencial. E essa é, de fato, a marca inconfundível das más traduções. Mas aquilo que uma obra literária contém, para além da informação – e até o mau tradutor reconhece que é isso o essencial –, não será precisamente o que nela há de inapreensível, de misterioso, de "poético"? Algo que o tradutor apenas pode reconstituir se também ele... criar uma obra poética? Daqui advém uma segunda característica das más traduções, que se poderia definir como a transmissão imprecisa de um conteúdo inessencial. E a tradução fica-se por aí enquanto se propuser servir o leitor. Mas se ela estivesse destinada ao leitor, também o original o deveria estar. Ora, se o original não existe em função dele, como se poderá então compreender a tradução a partir de uma relação com o leitor?

A tradução é uma forma. Para apreendê-la enquanto tal, é necessário regressar ao original, pois nele reside a lei da tradução, contida na sua tradutibilidade [*Übersetzbarkeit*]. A questão da possibilidade de tradução [traduzibilidade: *Übersetzbarkeit*][94] de uma obra tem duplo sentido. Em primeiro lugar, importa saber se entre a totalidade dos seus leitores a obra encontrará um dia um tradutor à sua altura; depois, e com maior propriedade, se ela, de acordo com a sua essência, permite a tradução e assim – a condizer com a importância atribuída àquela forma – também a exige. Em princípio, a resposta à primeira pergunta só pode ser de natureza problemática, a resposta à segunda é apodítica. Só o pensamento superficial, negando o sentido autônomo da segunda, poderia considerar as duas perguntas como idênticas. Contra tal pensamento, convém lembrar que alguns conceitos relacionais ganham o seu sentido adequado, e talvez mesmo melhor, se não forem desde logo referidos exclusivamente ao homem. Poderia, assim, falar-se de uma vida ou de um momento inesquecível, ainda que todos os homens os tivessem esquecido. Se, por exemplo, a sua essência exigisse que eles não fossem esquecidos, aquele predicado não conteria nada de falso, mas apenas uma exigência a que os homens não podem corresponder, e ao mesmo tempo a referência a um domínio em que essa correspondência se estabeleceria: o de uma memória de Deus. De acordo com isso, deveria considerar-se a tradutibilidade de configurações de linguagem, mesmo nos casos em que elas se revelassem intraduzíveis aos homens. E, tendo em vista um conceito rigoroso de tradução, não deveriam elas ser de fato traduzíveis, até um certo limite? – Essa dissociação constitui

---

[94] O "duplo sentido" do termo alemão "Übersetzbarkeit" exigiu a dupla tradução da palavra para português: a) por *tradutibilidade*, a lei intrínseca da tradução, exigida por todo o original, aquilo a que Derrida chama "*l'à-traduire*" ou "*la pure traductibilité*" de um texto; b) por *traduzibilidade*, a sua possibilidade prática de ser traduzido, os limites da tradução. Essa distinção e essa distância permitem a Derrida dizer que o texto sagrado, absoluto, é "*traductible et intraduisible*" (vd. J. Derrida, "Des Tours de Babel", in: *L'art des confins* ["Desvios/Torres de Babel", in: *A arte dos confins*]. Paris, P.U.F., 1985). (N.T.)

o quadro no qual se deveria colocar a questão de saber se se deveria exigir a tradução de determinadas configurações de linguagem. Aqui se aplica o princípio: se a tradução é uma forma, então a traduzibilidade tem de ser intrinsecamente essencial a determinadas obras.

A traduzibilidade é essencialmente inerente a certas obras – o que não quer dizer que a sua tradução seja essencial para elas, mas antes que uma determinada significação inerente aos originais se manifesta na possibilidade de eles serem traduzidos. É evidente que uma tradução, por melhor que seja, nunca poderá significar nada para o original. Apesar disso, ela entra numa conexão íntima com este, devido à sua tradutibilidade. E essa conexão é ainda mais íntima pelo fato de nada significar já para o original. Podemos chamá-la de uma conexão natural, mais exatamente uma conexão vital. Tal como as manifestações de vida se relacionam da forma mais íntima com o vivo sem significarem nada para ele, assim também a tradução nasce do original – de fato, não tanto da sua vida, mas da sua "sobrevivência" [*Überleben*]. Com efeito, a tradução vem depois do original e assinala, nas obras mais significativas, que nunca encontram o seu tradutor de sua predileção na época do seu nascimento, o estágio da sua sobrevida [*Fortleben*].[95] A ideia da vida e da sobrevida das obras de arte deve ser entendida num sentido totalmente objetivo e não-metafórico. Até nas épocas em que o pensamento esteve mais preso a preconceitos se intuiu que a vida não podia ser atribuída apenas à corporeidade orgânica. Mas a questão não é a de, sob o fraco cetro da alma, alargar o seu domínio, como tentou Fechner;[96] e muito menos a vida pode ser definida a partir de momentos ainda menos normativos da animalidade, como a sensação, que só acidentalmente a pode caracterizar. Pelo contrário, só se fará justiça ao conceito de vida quando ela for reconhecida em tudo aquilo de que existe uma história, e que não seja apenas seu cenário. Pois em última análise o âmbito da vida é determinável a partir da história, e não da natureza, e muito menos de uma natureza tão instável como a

---

[95] Esclareço a minha opção para a versão em português da dupla "sobrevivência" (*Überleben*) e "sobrevida" (*Fortleben*): a primeira (um conceito corrente) é uma condição e uma possibilidade (de fato, é a condição de possibilidade da tradução); a segunda (um conceito proposto por Benjamin) designa uma sequência de momentos, é um estado. (N.T.)

[96] *Gustav Theodor Fechner* (1801-1887): filósofo e físico alemão. (N.T.)

sensação e a alma. Daí que a tarefa do filósofo seja a de compreender toda a vida natural a partir dessa outra, mais vasta, que é a da história. E não é a sobrevida das obras incomparavelmente mais fácil de reconhecer do que a das criaturas? A história das grandes obras de arte conhece a sua descendência das fontes, a sua configuração estética na época do artista e o período da sua sobrevida, por princípio eterna, nas gerações subsequentes. A essa vida póstuma, sempre que vem à luz do dia, chama-se fama. As traduções que são mais do que meios de transmissão de conteúdos nascem quando, na sobrevida de uma obra, esta atinge o seu período áureo. Por isso, elas servem não apenas a obra, como os maus tradutores costumam reivindicar para o seu trabalho, mas devem-lhe antes a sua própria existência. Nelas, a vida do original alcança o seu desenvolvimento último, mais amplo e sempre renovado.

Esse desenvolvimento, próprio de uma vida singular e elevada, é determinado por uma finalidade [*Zweckmässigkeit*] singular e elevada. Vida e finalidade: a sua conexão, aparentemente evidente e no entanto quase se furtando ao conhecimento, manifesta-se apenas quando aquele fim para o qual trabalham todas as finalidades particulares da vida for procurado, não na esfera que é própria à vida, mas numa outra, mais elevada. Todas as manifestações de vida que têm uma finalidade, tal como a sua finalidade em geral, são em última análise adequadas aos seus fins, não em função da vida, mas em função da expressão da sua essência, da representação da sua significação. Assim, a tradução tem por finalidade dar expressão à relação mais íntima das línguas umas com as outras. Ela própria não tem possibilidades de revelar ou de produzir essa relação oculta; mas pode, isso sim, representá-la, levando-a à prática de forma embrionária e intensiva. Ora, esta representação de uma realidade significada por meio de uma tentativa embrionária de produzi-la constitui um modo de representação extremamente original, praticamente impossível de encontrar no domínio da vida não linguística. Esta conhece, de fato, outros tipos de referenciação, analógicos e sígnicos, diferentes da atualização in-tensiva, isto é, antecipatória e alusiva. – Mas aquela relação muito íntima entre as línguas, em que estamos pensando, é a de uma convergência original, que consiste no fato de as as línguas não serem estranhas umas às outras, mas sim, *a priori* e sem pensar agora em todas as relações históricas, aparentadas umas com as outras naquilo que querem dizer.

Com essa tentativa de explicação, porém, a nossa reflexão parece ir desaguar de novo na teoria tradicional da tradução, depois de se ter metido por desvios sem finalidade. Se aquilo que tem de afirmar-se na tradução é o parentesco entre as línguas, como poderia ela fazê-lo a não ser através da transmissão, o mais exata possível, da forma e do sentido do original? É certo que aquela teoria não saberia como dizer em que consiste essa exatidão, não estaria, pois, em condições de dar conta do que é essencial numa tradução. E no entanto uma tradução é um testemunho muito mais profundo e exato daquele parentesco entre as línguas do que a semelhança superficial e indefinível entre duas obras literárias. Para apreender a autêntica relação entre original e tradução teremos de encetar uma reflexão cujo propósito é em tudo análogo à argumentação pela qual a crítica do conhecimento demonstra a impossibilidade de uma teoria da imitação. Nesta, mostra-se que no processo de conhecimento não poderia haver objetividade, nem sequer a pretensão disso, se ele consistisse em captar cópias do real; do mesmo modo podemos demonstrar que nenhuma tradução seria possível se a sua aspiração, a sua essência última, fosse a da semelhança com o original. Pois o original transforma-se ao longo da sua sobrevida, que não poderia ter este nome se não fosse uma transmutação e renovação do vivo. Até as palavras cujo significado foi fixado estão sujeitas a um processo de maturação. Aquilo que terá sido, na época de um autor, a tendência da sua linguagem poética pode desaparecer mais tarde, tendências imanentes podem voltar a emergir, sob forma nova, do texto acabado. Aquilo que antes era novo pode depois soar gasto, o que antes era corrente pode mais tarde ter ressonâncias arcaicas. Procurar o essencial de tais transformações, tal como das mudanças, também constantes, do sentido, na subjetividade dos que vêm depois, e não na vida mais própria da língua e das suas obras, corresponderia – mesmo aceitando o mais cru psicologismo – a confundir os fundamentos e a essência da coisa; para ser mais rigoroso, equivaleria a negar, por debilidade do pensar, um dos mais poderosos e fecundos processos históricos. E mesmo que quiséssemos transformar a última palavra do autor no golpe de misericórdia da obra, isso não salvaria ainda aquela teoria morta da tradução. Se o tom e a significação dos grandes textos se alteram totalmente no decorrer dos séculos, também a língua materna do tradutor muda. Acontece mesmo que a palavra poética pode sobreviver na sua língua, enquanto que até a maior das traduções está destinada a desaparecer no processo de crescimento da respectiva língua, a ser absorvida no devir da sua renovação. A tradução está tão longe de ser a equação muda entre duas línguas mortas que, entre todas as formas, a sua marca mais própria é a de ter de dar atenção àquele processo de maturação da palavra estrangeira e às dores de parto da palavra própria.

Quando, na tradução, se manifesta o parentesco entre as línguas, isso se dá de modo diferente do da vaga semelhança entre imitação e original. É, aliás, óbvio que não tem necessariamente de existir semelhança no parentesco. Também nisto o conceito de parentesco coincide neste contexto com o do seu uso mais restrito, uma vez que, em ambos os casos, não pode ser definido pela identidade da descendência, apesar de o conceito de descendência continuar a ser imprescindível para a determinação daquele uso mais restrito. – Em que plano podemos então encontrar o parentesco entre duas línguas, para além do parentesco histórico? Tampouco na semelhança de duas obras literárias como na das suas palavras. O parentesco supra-histórico entre línguas reside antes no fato de, em cada uma delas como um todo, se querer dizer uma e a mesma coisa, qualquer coisa que, no entanto, não é acessível a nenhuma delas isoladamente, mas apenas à totalidade das suas intencionalidades que se complementam umas às outras: à língua pura. De fato, enquanto todos os elementos isolados – as palavras, as frases, os contextos – de línguas estranhas umas às outras se excluem, essas línguas completam-se nas suas próprias intencionalidades. Para compreender com exatidão essa lei, uma das leis fundamentais da filosofia da linguagem, é necessário distinguir, nessa intencionalidade, o que se quer dizer [*das Gemeinte*] do modo como se quer dizer [*die Art des Meinens*]. Nas palavras "*Brot*" e "*pain*" o que se quer dizer é o mesmo, mas não o modo de o querer dizer. É devido a esse modo de querer dizer que ambas as palavras significam coisas diferentes para um alemão e um francês, que elas não são permutáveis, que, em última análise, tendem para a exclusão mútua; e é por via do que querem dizer que elas, tomadas em absoluto, significam algo que é o mesmo e idêntico. Destarte, os modos do querer dizer nessas duas palavras contrariam-se um ao outro, mas completam-se nas duas línguas de onde elas provêm. E nelas esse modo de querer dizer completa-se para convergir naquilo que se quer dizer. Nas línguas isoladas, sem complemento, o que nelas se quer dizer nunca se encontra numa autonomia relativa, como acontece com as palavras ou frases isoladas, mas sempre em permanente mudança, até conseguir emergir, sob a forma da língua pura, da harmonia de todos os modos do querer dizer. Até aí, permanece oculto nas línguas. Mas se estas crescem desse modo até ao fim messiânico da sua história, é a tradução que se inflama na eterna sobrevida das obras e na infinita renovação da vida das línguas, para continuamente pôr à prova aquele crescimento sagrado das línguas – para determinar a que distância da revelação se encontra o que nelas é oculto e como isso se pode tornar presente no saber dessa distância.

Isso, porém, equivale a admitir que toda tradução é apenas uma forma, de algum modo provisória, de nos confrontarmos com a estranheza das línguas. Outra solução para essa estranheza, que não seja temporária e provisória, uma solução instantânea e definitiva, está vedada ao homem, ou pelo menos ele não pode aspirar a ela diretamente. Mas de forma indireta é o crescimento das religiões que permite que nas línguas germine a semente escondida de uma língua superior. A tradução, diferentemente da arte, apesar de não poder aspirar à durabilidade das suas criações, não renuncia a orientar-se no sentido de uma última, definitiva e decisiva etapa do trabalho criativo na linguagem. Nela, o original sobe até uma atmosfera linguística por assim dizer mais alta e mais pura, na qual, é certo, não poderá viver eternamente – como nem sequer a alcança em todos os momentos da obra –, mas para a qual aponta pelo menos, de forma milagrosamente incisiva, como para essa região prometida e inalcançada da reconciliação e da plenitude das línguas. Nunca alcançará de forma total essa região, mas nela está aquilo que, numa tradução, é mais do que mera informação. Se quisermos definir com mais rigor esse cerne essencial, poderemos dizer que ele representa aquilo que na tradução é, por sua vez, intraduzível. Poderemos extrair dela tanta substância meramente informacional quanto quisermos e traduzi-la; mas permanecerá sempre um resto intocável, no sentido do qual se orientou o trabalho do verdadeiro tradutor. Esse resto não é transmissível como o é a palavra poética do original, porque a relação entre conteúdo e linguagem é totalmente diferente no original e na tradução. Se no primeiro caso ela é comparável à unidade formada por fruto e casca, já a linguagem da tradução envolve os seus conteúdos como com um manto real caindo em amplas pregas. E isso acontece porque ela significa uma língua mais elevada do que ela, e por isso, na relação com os seus próprios conteúdos, permanece desajustada, forçada e estranha. Essa disjunção impede toda a transposição, e ao mesmo tempo torna-a desnecessária. Toda tradução de uma obra situada num dado momento da história da língua representa, no que se refere a um determinado aspecto do seu conteúdo, os de todas as demais línguas. A tradução transplanta, assim, o original para um domínio linguístico que, nessa medida – e ironicamente –, é mais definitivo, uma vez que não poderá ser deslocado daí por mais nenhuma tradução, mas pode apenas ser elevado até esse domínio repetidamente e em novos aspectos. Não é por acaso que neste contexto a palavra "ironicamente" evoca os autores românticos e alguns dos seus processos de pensamento. Estes, mais do que outros, tiveram a percepção da vida das obras, de que a tradução é um testemunho dos mais importantes. É certo que eles mal reconheceram a tradução, tendo antes voltado toda a sua atenção para a crítica, que constitui também um momento, ainda que menos relevante, da sobrevida das obras. Mas, se a sua teoria pouco se interessou pela tradução, já as suas grandiosas obras de tradução nunca deixaram de ser acompanhadas por um sentido apurado da essência e da dignidade dessa forma. Esse sentido – e tudo aponta para aí – não tem necessariamente de estar mais presente no poeta, talvez até o seu lugar seja mais diminuto nele enquanto poeta. Nem a história confirma o habitual preconceito segundo o qual os mais importantes tradutores seriam poetas e os poetas menores tradutores medíocres. Há uma série de grandes nomes, como Lutero, Voß, Schlegel, que foram muito mais importantes como tradutores do que como poetas, enquanto outros entre os maiores, como Hölderlin e George, dada a amplitude da sua obra, não são subsumíveis apenas no conceito de poeta, em especial se os virmos como tradutores. Pois, do mesmo modo que a tradução é uma forma própria, assim também a tarefa do tradutor tem a sua especificidade e deve distinguir-se claramente da do poeta.

Essa tarefa consiste em encontrar a intencionalidade, orientada para a língua da tradução, a partir da qual nesta é despertado o eco do original. Nisso reside uma das características que distinguem a tradução da obra poética, porque a intencionalidade daquela não visa nunca a língua como tal, a sua totalidade, mas apenas, e de forma imediata, determinadas conexões linguísticas a nível dos conteúdos. A tradução nunca se vê, como a criação poética, por assim dizer no interior da floresta da língua, mas fora dela; perante ela e sem nela entrar, ela atrai o original para o seu interior, para aquele lugar único onde o eco é capaz de fazer ouvir, na sua própria língua, a ressonância da obra na língua estrangeira. A sua intencionalidade não visa apenas qualquer coisa de diferente da literatura original, nomeadamente uma língua na sua totalidade, a partir de uma única obra de arte numa língua estrangeira; ela própria, enquanto tal, é totalmente diferente: a intencionalidade do poeta é ingênua, primeira, intuitiva, a do tradutor derivada, última, ideativa. E isso porque o grande motivo que preenche o seu trabalho é o de uma integração das várias línguas numa única e verdadeira. Esse trabalho, porém, é aquele no qual, de fato, as frases isoladas, as obras, os juízos críticos nunca se encontrarão – já que estão dependentes da tradução –, mas no qual as próprias línguas coincidem umas com as outras, completadas e reconciliadas no modo do seu querer dizer. Mas se, de alguma outra forma, existe uma língua da verdade na qual se conservam, sem tensões e silenciosos, os últimos mistérios que constituem o objeto de todo pensamento, então essa língua da verdade é – a verdadeira língua. E é precisamente essa língua, em cujo pressentimento e descrição reside a única perfeição a que o filósofo pode aspirar, que está oculta, de forma intensiva, nas traduções. Não existe musa da filosofia, nem também da tradução. Mas elas não são coisa trivial, como pretendem certos artistas sentimentais, pois existe um *ingenium* filosófico cuja marca mais própria é a nostalgia daquela língua que se anuncia na tradução. "*Les langues imparfaites en cela que plusieurs, manque la suprême: penser étant écrire sans accessoires, ni chuchotement mais tacite encore l'immortelle parole, la diversité, sur terre, des idiomes [n'] empêche personne de proférer les mots qui, sinon se trouveraient, par une frappe unique, elle-même matériellement la vérité.*"[97] Se a

---

[97] Em francês no original, do escrito de Mallarmé "Crise de vers" [Crise de verso]. Traduzo o sentido: "As línguas, imperfeitas por serem várias; falta a suprema: o pensar é uma escrita sem acessórios nem murmúrios, mas tácita ainda a imortal palavra; a diversidade de idiomas sobre a terra não impede de proferir as palavras que, de outro modo, permitiriam encontrar, por um só lance, materialmente a própria verdade". (N.T.)

realidade para que remetem estas palavras de Mallarmé for plenamente apreensível pelo filósofo, então a tradução, com os seus germes de uma tal língua, situa-se a meio caminho entre a poesia e a doutrina. As suas obras têm um perfil menos nítido, mas não se inserem de forma menos profunda na história.

    Se a tarefa do tradutor surge a essa luz, os caminhos da sua solução correm o risco de se ensombrarem de forma cada vez mais impenetrável. Essa tarefa – levar à maturidade, na tradução, a semente de uma língua pura – parece, em boa verdade, ser insolúvel, não determinável, qualquer que seja a solução. Pois não ficará ela sem fundamento a partir do momento em que a restituição do sentido deixa de ser determinante? Vista negativamente, é essa a significação de tudo o que se disse antes. Fidelidade e liberdade – liberdade da reconstituição de acordo com o sentido e, ao seu serviço, fidelidade à palavra – são os conceitos tradicionais em toda discussão sobre a tradução. Mas eles parecem já não poder servir a uma teoria que busca na tradução outra coisa que não a reconstituição do sentido. No seu uso mais corrente, esses conceitos são sempre vistos como parte de uma dicotomia insolúvel. De fato, que pode a fidelidade, precisamente ela, fazer pela reconstituição do sentido? A fidelidade na tradução da palavra isolada quase nunca consegue dar plenamente o sentido que ela tem no original, porque este não se esgota, na sua significação poética original, naquilo que se quer dizer, mas adquire-a precisamente pela forma como o que se quer dizer se articula com o modo do querer dizer nessa palavra. Costuma expressar-se essa ideia através da fórmula que diz que as palavras transportam consigo conotações afetivas. A simples literalidade na transposição da sintaxe vira completamente do avesso qualquer reconstituição de sentido, ameaçando mesmo levar à absoluta incompreensão. Para o século XIX, as traduções de Sófocles por Hölderlin eram o melhor exemplo da monstruosidade de uma tal literalidade. Compreende-se assim facilmente como a fidelidade na reconstituição da forma dificulta a do sentido. Assim sendo, a exigência da literalidade não pode ser derivada do interesse em preservar o sentido. É a liberdade desregrada dos maus tradutores que serve essa exigência, muito mais do que serve a poesia e a linguagem. Essa exigência, cuja justificação é óbvia, mas cujas razões estão muito escondidas, terá então, necessariamente, de ser compreendida a partir de um contexto mais adequado. Por exemplo: tal como os cacos de um vaso, para se poderem reajustar, têm de encaixar uns nos outros nos mais pequenos pormenores, embora não precisem ser iguais, assim também a tradução, em vez de querer assemelhar-se ao sentido do original, deve antes configurar-se, num ato de amor e em todos os pormenores, de acordo com o modo de querer dizer desse original, na língua da tradução, para assim tornar ambos, original e tradução, reconhecíveis como fragmentos de uma língua maior, tal como os cacos são os fragmentos do vaso inteiro. Por isso mesmo ela deve prescindir em alto grau da intenção de comunicar alguma coisa, do sentido; o original só é essencial para ela na medida em que dispensa o tradutor e a sua obra do esforço e da disciplina de dar expressão aos conteúdos a comunicar. Também no domínio da tradução se aplica o lema: "ἐν ἀρχῇ ἦν ὁ λόγος" – no princípio era o verbo. Por outro lado, a sua língua pode e deve mesmo, no que diz respeito ao sentido, ser pouco cuidada, para fazer ressoar a *intentio* do original, não como reconstituição, mas como harmonia, como complemento na língua em que ela se expressa, como a forma própria da sua *intentio*. Por essa razão, não constitui grande louvor para uma tradução, sobretudo na época em que surge, o dizer-se dela que se lê como um original da sua língua. Pelo contrário: o significado da fidelidade, cuja garantia é a literalidade, é o da grande nostalgia pela complementaridade de linguagem, a que a obra deve dar voz. A verdadeira tradução é transparente, não esconde o original, não lhe tapa a luz, mas permite que a língua pura, como que reforçada pelo seu próprio meio de expressão, incida de forma ainda mais plena sobre o original. Isso se consegue sobretudo pela literalidade na transposição da sintaxe, que mostra como o elemento primordial do tradutor é a palavra, e não a frase: a frase é o muro diante da língua do original, e a literalidade uma arcada.

Se a fidelidade e a liberdade desde sempre foram vistas como tendências opostas, também essa interpretação mais profunda de uma delas não parece reconciliar as duas, mas, pelo contrário, negar todos os direitos à outra. Qual é, de fato, a referência da liberdade, a não ser a reconstituição de um sentido que deixe de ser lei? No entanto, se o sentido de uma criação linguística pode ser equacionado como idêntico ao da informação que veicula, o fato é que lhe resta ainda, para além de toda a informação, algo de definitivo e decisivo, muito perto e infinitamente longe, oculto sob ele ou mais evidente, por ele fragmentado ou impondo-se como mais poderoso. Em toda linguagem e nas suas criações resta, para além do que é comunicável, um não-comunicável, um simbolizante e um simbolizado, dependente do contexto em que se situa. Simbolizante apenas nas criações finitas das línguas; mas simbolizado no próprio devir das línguas. E aquilo que, no devir das línguas, busca a sua representação, e mesmo a sua configuração material, é o próprio âmago da língua pura, de que atrás se falou. Mas se este, ainda que oculto ou fragmentado, na vida está presente sob a forma do próprio simbolizado, nas criações da linguagem habita apenas sob forma simbolizante. Se aquela essência última, que é a própria língua pura, se liga, nas línguas, apenas ao material de linguagem e às suas transmutações, já nas criações da linguagem ela está presa a um sentido, pesado e estranho. E a tradução é aquele meio, poderoso e único, capaz de libertar a língua pura do peso do sentido, de transformar o simbolizante no próprio simbolizado, de recuperar a língua pura, esteticamente configurada, para o movimento da linguagem. Nessa língua pura, que já não quer dizer nem exprime nada, mas é, enquanto palavra não-expressiva e criadora, aquilo que todas as línguas querem dizer, toda a informação, todo o sentido e toda a intencionalidade convergem num plano em que estão destinados a extinguir-se. E é precisamente nele que se confirma a liberdade da tradução, com uma nova e mais elevada legitimação. Essa liberdade não deve a sua existência ao sentido da informação – o sentido da fidelidade é precisamente o de emancipá-la dele. Pelo contrário, a liberdade afirma-se na língua própria tendo em vista a língua pura. A tarefa do tradutor é a de redimir na língua própria aquela língua pura que se exilou nas alheias, a de libertá-la da prisão da obra através da recriação poética. Por ela, o tradutor quebra as barreiras apodrecidas da sua língua: Lutero, Voß, Hölderlin, George expandiram as fronteiras da língua alemã. – Aquilo que, seguindo essa linha de pensamento, resta ao sentido na questão da relação da tradução com o original pode ser compreendido através de uma comparação. Tal como a tangente toca a circunferência levemente e apenas num ponto, do mesmo modo que é esse contato, mas não o ponto, que lhe dita a lei que guiará a sua trajetória retilínea até ao infinito, assim também a tradução toca o original ao de leve, e apenas naquele ponto infinitamente pequeno do sentido, para seguir na sua órbita própria à luz de uma lei que é a da fidelidade na liberdade do movimento da linguagem. O verdadeiro significado dessa liberdade foi caracterizado, sem propriamente nomeá-lo nem fundamentá-lo, por Rudolf Pannwitz[98] em algumas considerações que se encontram em *A crise da cultura europeia* e que, juntamente com os comentários de Goethe nas notas ao *Divã ocidental-oriental*,[99] constituirão provavelmente o que de melhor se escreveu na Alemanha sobre a teoria da tradução. Aí se pode ler: "As nossas versões, mesmo as melhores, partem de um falso princípio: pretendem germanizar o indiano, o grego, o inglês, em vez de indianizar, helenizar, anglicizar o alemão. Revelam uma veneração muito maior pelos usos linguísticos domésticos do que pelo espírito da obra estrangeira... O erro fundamental de quem traduz é o de fixar o estado da língua própria, que é obra do acaso, em vez de fazê-la entrar num movimento intenso por intervenção da língua estrangeira. Ele deve, mais ainda se traduzir de uma língua muito distante, recuar até os elementos primordiais da própria língua, lá onde palavra, imagem e sonoridade se confundem. Tem de alargar e aprofundar a sua língua através da língua estrangeira. Não se imagina até que ponto isso é possível, até que limite uma língua se pode transformar, como as línguas se distinguem quase só como os dialetos. Mas é claro que isso só é assim se encararmos as línguas verdadeiramente a sério, e não levianamente".

Até que ponto uma tradução é capaz de corresponder à essência dessa forma, isso é determinado objetivamente pela tradutibilidade do original. Quanto menos valor e dignidade a sua língua tiver, quanto mais ela for informação, menos há a ganhar na tradução, até que o total

---

[98] *Rudolf Pannwitz* (1881-1969): escritor e filósofo da cultura alemão com repercussão na virada de século e nas primeiras décadas do século XX (era membro do Charon-Kreis, um importante círculo literário fundado em 1896), próximo de Nietzsche e de Stefan George, também pelas suas inovações gráficas e poéticas. (N.T.)

[99] O *Divã Ocidental-Oriental* (primeira edição 1819, segunda 1827) é uma coletânea de poesia inspirada no poeta persa Hafis, traduzida e comentada por Goethe. Benjamin refere-se às "Noten und Abhandlungen zum besseren Verständnis des *West-östlichen Diwans*" [Notas e estudos para melhor compreensão do *Divã ocidental-oriental*], um conjunto de anotações com algumas ideias pioneiras sobre a tradução, nomeadamente de poesia. Uma seleção do *Divã* pode ler-se em: J. W. Goethe, *Poesia*. Seleção, tradução, prefácio e notas de João Barreto. Lisboa: Círculo de Leitores, 1993. (N.T.)

predomínio desse sentido, muito longe de servir de alavanca para uma tradução formalmente perfeita, acabará por fazê-la malograr. Quanto mais elevada for a forma de uma obra, tanto mais ela será traduzível, ainda que a tradução aflore apenas de leve o seu sentido. Isso se aplica, evidentemente, apenas aos originais. As traduções, pelo contrário, revelam ser intraduzíveis, não pelo peso do sentido, mas pela enorme leveza que ele nelas assume. As versões de Hölderlin, em particular as das tragédias de Sófocles, são a melhor confirmação desse e de todos os outros aspectos essenciais da questão. Nelas a harmonia das línguas é tão profunda que o sentido só é tocado pela língua como uma harpa eólica pelo vento. As traduções de Hölderlin são arquétipos [*Urbilder*] da sua forma: elas estão para as mais perfeitas versões daqueles textos como o arquétipo está para o modelo [*Vorbild*], como mostra a comparação das traduções da terceira ode pítica de Píndaro por Hölderlin e Borchardt.[100] Por isso mesmo lhes é inerente, mais do que a outras, o enorme perigo, ameaça original de todas as traduções: que os portões de uma língua assim alargada e dominada se fechem, encerrando o tradutor no silêncio. As traduções de Sófocles foram a última obra de Hölderlin. Nelas, o sentido precipita-se de abismo em abismo, até ameaçar perder-se no sem-fundo das profundezas da língua. Mas existe um ponto de parada, que, no entanto, só o texto sagrado pode garantir: nele, o sentido deixou de ser a linha de separação entre a torrente da língua e a torrente da revelação. Se o texto pertencer, de forma não mediatizada, sem a mediação do sentido e pela sua literalidade, à língua verdadeira, à verdade ou à doutrina, existirá nele uma tradutibilidade de princípio. Agora já não em função de si mesmo, mas apenas das línguas. Na relação com ele exige-se à tradução uma confiança tão ilimitada que, no plano dessa literalidade e dessa liberdade, sob a forma da versão interlinear, a língua e a revelação terão necessariamente de se conjugar sem tensões, como no texto original. Na verdade, todos os grandes textos, e em mais alto grau os sagrados, contêm nas entrelinhas a sua tradução virtual. A versão interlinear do texto sagrado é o arquétipo ou o ideal de toda tradução.

---

[100] *Rudolf Borchardt* (1877-1945); poeta alemão de apurado sentido formal, conhecido tradutor de poetas gregos, e sobretudo de Dante. (N.T.)

A tradução: os prós e os contras[101]

– Quando, há uns dias, passei pelos *bouquinistes*, caiu-me por acaso na mão a tradução francesa de uma obra filosófica alemã. Folheei um pouco, como se folheiam os livros que encontramos no cais, procurei algumas passagens de que me tinha ocupado muitas vezes em pormenor, e tive uma surpresa: essas passagens não estavam lá.
– Quer dizer que não as encontrou?
– Não, encontrar, encontrei! Mas, ao olhá-las de frente, tive a sensação penosa de que nem elas me reconheciam, nem eu a elas.
– Mas de que filósofo está falando?
– Falo de Nietzsche. Como sabe, foi traduzido por...
– E, tanto quanto julgo saber, a tradução é muito apreciada.
– Há de haver boas razões para isso. Mas o que me deixou perplexo nas passagens que me eram familiares não foi nenhuma deficiência da tradução, mas qualquer coisa que talvez até ateste a sua qualidade: o horizonte e o mundo que envolviam o texto em tradução tinham sido mudados e eram agora franceses.
– O mundo à volta de um texto filosófico parece-me ser o mundo do pensamento, que se situa para além de qualquer caráter nacional.
– Não há mundo de pensamento que não seja mundo de linguagem, e nós só vemos do mundo aquilo que está pressuposto na linguagem.

---

[101] O título original é francês ("La traduction – Le pour et le contre"), embora o texto esteja escrito em alemão. (N.T.)

- Está falando no sentido de Humboldt, que estava convencido de que todos os momentos da sua vida se encontravam sob o signo da língua materna, que seria realmente a língua que por ele pensava e via.
- Acha mesmo que neologismos como os que caracterizam a linguagem de Nietzsche têm realmente um alcance intelectual?
- Têm um alcance intelectual porque têm um alcance histórico. Quando Nietzsche abusa brilhantemente da língua alemã está se vingando do fato de nunca se ter constituído realmente uma tradição da língua alemã – a não ser na camada muito tênue da expressão literária. O que ele fez foi tomar uma vez mais as liberdades que a língua permitia para confrontá-la com elas. E esse abuso da língua alemã contém, em última análise, uma crítica à imaturidade do homem alemão. Como é que uma tal situação linguística pode ser traduzida numa outra?

Isso depende, por mais estranho que possa parecer, do modo como a tradução for feita. Não tenhamos ilusões: a tradução é acima de tudo uma técnica. E por que razão não haveria ela, enquanto técnica, de poder ser combinável com outras. Penso, em primeiro lugar, na técnica do comentário. A tradução de obras significativas terá tanto menos possibilidades de resultar quanto mais estiver empenhada em elevar a sua função tecnicamente instrumental à de uma forma artística autônoma.

Essa forma feliz da tradução que dá conta de si no comentário e integra na sua temática também o fato de haver diferenças na situação linguística, perdeu-se, infelizmente, cada vez mais na Idade Moderna. Teve o seu apogeu numa época que se estende das traduções de Aristóteles na Idade Média até as edições bilíngues comentadas dos clássicos no século XVII. E precisamente pelo fato de se aceitar essa diferença da situação linguística, a tradução pôde ter eficácia e tornar-se parte integrante do mundo próprio. Mas devo também dizer que a aplicação dessa técnica a obras poéticas me parece extremamente problemática.

Fatores a favor da tradução

Progressos da ciência à escala internacional (o latim, a língua universal de Leibniz)

Valor pedagógico das grandes obras do passado

Libertação do preconceito da língua própria (o salto por cima da língua própria)

Domínio dos movimentos intelectuais coevos nos vários povos. "Será então uma falha o fato de existirem várias línguas?" Resposta negativa [.] Wilhelm von Humboldt: *Sobre a diversidade da estruturação das línguas*.[102]

Limite: a não necessidade de tradução da música. Poesia lírica: a mais próxima da música – dificuldades de tradução extremas.

Limites da tradução na prosa – Exemplos

(Valor das más traduções: equívocos produtivos)

O fato de um livro ser traduzido cria, em certo sentido, desde logo o seu equívoco. *Jean Christophe*[103] – procura-se quase sempre aquilo que também podia ser escrito na literatura própria.

[Karl Christian Friedrich] Krause[104] na Espanha.

Desprezo das sutilezas

Uma certa brutalidade na imagem espiritual

Máximo de escrúpulos ligado a máxima brutalidade

É mais séria do que ele pensava aquela expressão que Stresemann[105] usava com intenção de ridicularizá-la: "Fala-se francês em todas as línguas"; pois o sentido da tradução é essencialmente o de representar a língua estrangeira na própria.

---

[102] Cf. a obra de Humboldt *Sobre a diversidade da estruturação das línguas humanas e sua influência sobre o desenvolvimento espiritual do gênero humano*, de 1830-1835. (N.T.)

[103] O romance de Romain Rolland, *Jean-Christope*, em 10 volumes (1904-1912), que recebeu o Prêmio Nobel em 1915. (N.T.)

[104] Filósofo do idealismo alemão (1781-1832), discípulo de Schelling, Hegel e Fichte em Iena. (N.T.)

[105] *Gustav Stresemann* (1878-1929): político alemão (monárquico), primeiro-ministro de um breve governo de coligação da República de Weimar, entre agosto e novembro de 1923. (N.T.)

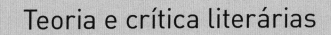

Fragmentos sobre crítica literária

Programa da crítica literária
(1929-1930)

1. A crítica destruidora terá de reconquistar a sua boa consciência. Para isso, é preciso voltar a tomar consciência, de forma radicalmente nova, da função da crítica. Pouco a pouco, as coisas chegaram a um ponto em que ela se tornou uma atividade frouxa e inócua. E nessas circunstâncias, até a corrupção tem o seu lado bom: ganha um rosto próprio, uma fisionomia clara.
2. Um dos maiores erros que se podem cometer é o de acreditar que apelando à honestidade pessoal do crítico se pode combater a corrupção. Nas circunstâncias atuais, o parasita raramente atua de boa fé, e quanto mais alto for o preço menos ele tem a impressão de estar sendo comprado.
3. A crítica honesta praticada a partir do ponto de vista de um juízo de gosto imparcial é pouco interessante, e no fundo sem objeto. O aspecto decisivo da atividade crítica é o de saber se ela se fundamenta numa análise objetiva, num plano estratégico que contenha em si mesmo uma lógica e uma honestidade próprias.
4. É isso que quase sempre falta hoje em dia, porque a estratégia política só nos casos mais destacados corresponde a uma estratégia crítica; apesar disso, é esse o objetivo que se deve ter em vista.
5. É nesse contexto que devemos situar o trabalho de esclarecimento crítico vindouro. O espaço dos leitores na Alemanha tem uma estrutura muito singular: distribui-se por duas metades sensivelmente iguais, a do "público" e a dos "círculos de

leitura". Essas duas metades quase não se tocam. O "público" vê na literatura um modo de entretenimento, uma forma de animar ou aprofundar o convívio social, um passatempo, em sentido mais ou menos elevado. Os "círculos" veem nela livros que ensinam a viver, fontes de sabedoria, estatutos das suas pequenas e abençoadas associações. A crítica tem-se ocupado até agora – de forma injusta – quase só com aquilo que se situa no espaço do "público".

6. Tentar acompanhar a literatura dos "círculos", um trabalho de esclarecimento terrível e não isento de perigos, seria ao mesmo tempo um estudo prévio sobre a história e o desenvolvimento do mundo das seitas na Alemanha do século XX. À primeira vista, não será fácil perceber de onde vem esse surto tão forte e tão rápido do espírito de seita. Podemos apenas prever que se trata verdadeiramente de uma forma de barbárie que afetará a Alemanha se o comunismo não vencer. Mas podemos constatar com alguma segurança que na base dessa súbita virulência de todos os complexos dissimulatórios e ritualísticos se encontra a tentativa de libertar o corpo de antigas estruturas coletivas, para integrá-lo noutras, e que aquilo que transforma essa virulência numa forma de loucura é precisamente a sua ausência de ligação a um agir coletivo.

7. Por seu lado, a crítica, mais do que até agora aconteceu, terá de assegurar a sua força de intervenção através de um posicionamento correto em relação às condições de produção do mercado do livro. É sabido que se editam demasiados livros. E também que, como resultado disso, os bons livros escasseiam no mercado. E ainda que, entre aqueles que se editam, poucos ganham o devido destaque. Para arrasar um livro, a crítica recorreu até agora essencialmente a ataques ao autor. É mais do que evidente que por aí não irá muito longe. Porque os seus juízos não provocarão nenhuma execução pública, e sobretudo porque por cada autor que é executado aparecem nove outros autores. As coisas ganham outro sentido se a crítica se fixar, adentro de determinados limites, no princípio da responsabilidade (econômica) do editor, denunciando aqueles que editam maus livros por

esbanjarem o capital, já de si limitado, de que a produção do livro pode dispor. Trata-se, naturalmente, de atingir não o comerciante que todo editor também é – aquele que faz o seu negócio com maus livros, tal como outros comerciantes com maus produtos –, mas sim o idealista mal informado, que, com o seu mecenato, apoia uma atividade altamente perigosa.

8. Uma boa crítica tem, no máximo, duas partes: o comentário crítico e a citação. Lançando mão apenas do comentário, ou também da citação, podem fazer-se muito boas críticas. O que deve evitar-se em absoluto são os "resumos do conteúdo" das obras. É preferível explorar ao máximo a crítica baseada apenas em citações.

9. Poderia incluir-se aqui a teoria do gênio ignorado.

10. Causas da tolerância da crítica até hoje.

11. Prognóstico para as universidades. Daqui a dez anos, as cátedras distribuir-se-ão exclusivamente entre vigaristas e sectários. O primeiro sintoma foi o do assalto às cátedras por adeptos da escola de George.[106] O resultado (conversa com Christianne von Hofmannsthal) é que ainda há professores universitários com conhecimentos rigorosos e capacidades de exatidão, mas se tornou impossível para eles comunicar e transmitir esse saber. "Os estudantes não aprendem nada, mas podem atravessar a rua como os seus professores." E isso ilustra uma verdade: a de que a capacidade de transmissão do saber é uma qualidade que não depende da sua riqueza ou exatidão. Pelo contrário, ela é o espelho mais acabado de uma estrutura moral que é só sua.

12. O que aconteceria se, entre os doze nomes que representam as vozes críticas conhecidas dos Alemães, um deles ousasse levantar a voz contra os seus correligionários? Nesse território tudo assenta numa certeza: a de que ninguém irá estragar o jogo de ninguém.

13. Retrospectiva histórica: a decadência da crítica literária desde o Romantismo. Neste contexto, é significativa a falta de

---

[106] Vd., a seguir, a nota 141, no ensaio "História literária e ciência da literatura".

uma instância coletiva de grandes objetos e palavras-chave. Toda e qualquer família de críticos passou a ver-se como "geração", apesar de toda a sua precariedade, como pobre garantia da "posteridade". E assim entalada entre o lado produtivo e a posteridade, deixou de vibrar e afundou-se no epigonismo. A última etapa foi a de [Friedrich Theodor] Vischer.[107]

14. Quanto mais forte for um crítico, tanto mais intensivamente pode ocupar-se de toda a pessoa do seu opositor, até aos mais ínfimos pormenores da fisionomia.

15. Os métodos da crítica. O perigo da sua diversidade.
    a. Falar apenas do autor – falar apenas da obra
    b. A obra na sua relação com outras obras do autor – a obra em si
    c. Situar ou comparar a obra de um ponto de vista histórico-literário, pelo conteúdo ou pelo estilo
    d. A obra e o seu efeito sobre o público – ponto de vista polêmico, antecipatório, referencial
    e. A obra enquanto representante de uma tese – Uma tese enquanto representante de uma obra

16. Função da crítica, sobretudo hoje: arejar *a máscara da "arte pura"*, e mostrar que não existe terreno neutro da arte. Recorrendo ao instrumento da crítica materialista.

17. O perigo do elogio: o crítico arrisca-se a perder credibilidade. De um ponto de vista estratégico, todo elogio é um cheque em branco.

18. A grande arte elogiada. Mas também, pela crítica severa da grande arte, dar importância ao que aparentemente é secundário.

19. O crítico tem de saber comunicar ao público a sensação do momento em que terá de esperar por ele, quando ele tomar a palavra, e em que sentido a usará.

---

[107] *F. T. Vischer* (1807-1887): escritor e filósofo alemão, autor de teorias do belo e do cômico, e também de uma célebre paródia da segunda parte do *Fausto* de Goethe. Foi professor em Zurique e Tübingen e apoiante dos movimentos democráticos na fase das revoluções de 1848-1949. (N.T.)

20. A questão do espaço. Neste ponto tratar-se-á do estilo da crítica, em ligação com as minhas conversas com [Bernhard] Reich.[108]
21. Não sabemos o que Hofmannsthal, Thomas Mann [Jakob] Wassermann pensam uns dos outros; nem sequer sabemos o que pensam desses autores mais velhos os porta-vozes da geração mais nova, Leonhard Frank, Alfred Döblin, Arnolt Bronnen. Não é que isso seja muito interessante ou determinante; em último caso, nós próprios podemos fazer um juízo sobre isso. Mas serviria para limpar a atmosfera. Para interligar de tal modo o conjunto amorfo de gente que "vive da escrita" que isso permitisse tomar partido e discutir posições, coisas que faltam em larga medida ao nosso meio literário. O contraste é fornecido pela crítica de teatro, que hoje – por isso mesmo, e *apenas* por isso – tem um lugar relevante na esfera pública.
22. Sobre a ficção sem fundo de verdade e insustentável, segundo a qual a crítica literária, ainda hoje, teria de ir buscar os seus critérios à investigação estética pura, como se a sua função fosse apenas a de aplicar essa investigação pura. A crítica não se apercebeu de que os tempos da estética, em todos os sentidos e em particular os de F. Th. Vischer, são coisa do passado.
23. "O dom de ajuizar é mais raro do que o dom de criar" (Oskar Loerke).
24. Stefan Zweig no livro *Böttcherstraße* (Bremen, org. de L. Roselius), I, i.[109]
25. Crítica de pintura (*Prochainement ouraitre*[110]); crítica de narrativa (*Montanha mágica*).

---

[108] *Bernhard Reich* (1892-1972): Diretor e crítico de teatro alemão, marido da revolucionária letã Asja Lacis, que Benjamin conhece em Capri em 1924, e a quem dedica o livro *Rua de mão única* em 1928. (N.T.)

[109] A *Böttcherstraße* (Rua Böttcher) é uma artéria do centro histórico da cidade de Bremen, célebre pela sua arquitetura "expressionista" singular, um projeto de construção iniciado em 1922 pelo comerciante de café Ludwig Roselius. (N.T.)

[110] Este título é provavelmente uma referência deturpada ao livro de Henri Guilac *Prochainement ouverture* (Paris, 1925), contendo desenhos de Guilac que caricaturam livros franceses da época. (N.T.)

26. Temas atuais da crítica: o romance de guerra na Alemanha (Arnold Zweig, Ernst Gläser, Ludwig Renn, Erich Maria Remarque). Desmascaramento de Jakob Wassermann.

27. O espírito de grupo, ou melhor, partidário, que atravessa a Alemanha. Os autores que se estrearam com o Expressionismo, e os outros.

28. Sobre a questão dos romances de guerra. Os partidos da direita puderam se beneficiar logo da experiência da guerra. A sua visão do mundo não foi abalada por ela. Nem tampouco a dos comunistas. Já o mesmo se não pode dizer da dos partidos do centro, em especial da grande burguesia e, de outro modo, da pequena burguesia. Temos de ter isso presente se quisermos encontrar a resposta para a pergunta: a que interesses (de quem?) serve a voga atual dos romances de guerra? Quanto mais se acentuam a "objetividade" e o caráter "documental" dessa literatura, mais se deveriam interrogar, de forma convicta, as tendências escondidas a que eles servem. É certo que nem todas essas tendências estão totalmente escondidas: a pacifista, por exemplo, é mais do que óbvia nesses livros. Mas precisamente essa exige uma análise mais atenta.

29. Ainda o romance de guerra. O lado *oculto* dessa tendência pacifista é o fato de ela servir ao estado atual do capitalismo, e a forma como o faz. E do mesmo modo que essa ideologia pacifista é dificilmente desmistificável como instrumento do imperialismo, assim também é difícil encontrar explicações para o fato de ela ser associada com a pretensa realidade "objetiva" e "documental" da guerra. Uma tal ideologia está escondida na "representação objetiva" como os ovos de Páscoa nas fendas de um sofá. Para reduzir a questão a uma fórmula, poderia dizer-se: a pretensa realidade da guerra nesses novos romances relaciona-se com a sua verdadeira realidade (isto é, com a sua realidade atual) como a ideologia pacifista com as necessidades da economia de hoje. Ambas as coisas só aparentemente se correspondem.

30. Os romances de guerra, ainda e sempre. Os livros sobre a guerra que hoje se editam foram em parte escritos logo a seguir à guerra. Nessa altura, ninguém queria saber deles.

Não iam ao encontro dos interesses de então, muito mais voltados para os livros de memórias. Por outro lado, a expressão formal das condições de vida desses anos (a inflação) era o Expressionismo. A crítica dos novos livros sobre a guerra estaria implicitamente contida numa exposição da passagem do Expressionismo para a "Nova Objetividade".[111] E então se poderia constatar como a "Nova Objetividade" correspondeu à consolidação da culpa (da dívida) em que o Expressionismo incorreu. E este incorreu nela pela via da metafísica. A "Nova Objetividade" é a parte que corresponde aos juros.

31. A crítica de livros terá de desenvolver um programa próprio. A crítica imanente, na medida em que improvisa os seus critérios em função da obra, pode até levar em certos casos a resultados felizes. Mas mais necessário do que isso é um programa. Que terá de partir da aceitação do postulado de que as categorias (critérios) estéticas se tornaram completamente obsoletas. E nem o "desenvolvimento" da velha estética, por mais virtuoso que seja, as poderá ressuscitar. Pelo contrário, o que é preciso é seguir o caminho de uma crítica materialista que coloque os livros no contexto do seu tempo. E uma tal crítica levará depois a uma nova estética, dinâmica e dialética. Afinal, já a velha estética continha em si um evidente potencial de crítica epocal. Mas o crítico de hoje toma esses velhos conceitos e esquemas por absolutos, tal como faz com as obras. Está firmemente convicto de que cada momento tem de conter em si tudo.

32. A atomização da crítica atual. O livro fora dos contextos do tempo, do autor, das tendências. Mas esta é uma base de trabalho hipotética, apenas válida para alguns casos bem-sucedidos da crítica improvisada, imanente.

33. A relação entre a crítica de livros e de cinema é o contrário do que deveria ser. A crítica de livros teria muito a aprender com

---

[111] A *Neue Sachlichkeit* foi um movimento artístico, na literatura, nas artes, na arquitetura, no cinema, que ocupou os anos 20 da República de Weimar como tendência dominante, sóbria, objetiva e analítica, substituindo-se à arte exaltada, patética e metafísica do Expressionismo que vinha dos anos anteriores à guerra. (N.T.)

a crítica de cinema. Em vez disso, o que acontece geralmente é que a crítica de cinema imita a crítica de livros.

34. Os abusos cometidos pelos escritores, com o seu nome e a sua influência. Comparando com o que se passa na França, é espantoso como os nossos autores mais conhecidos não mexem um dedo para melhorar o estado da crítica literária.

35. "Quando se apoia um movimento revolucionário, dissociar os diversos elementos envolvidos em nome do gosto significa comprometer o seu desenvolvimento" – opinião expressa por Apollinaire.

36. A decadência da arte crítica do retrato é indissociável da atomização da crítica.

37. Uma máxima a reter: não pode haver crítica sem pelo menos *uma* citação da obra que é recenseada.

38. Uma imagem da crítica: transpor plantas do jardim da arte para a terra estranha do saber, captando com atenção as pequenas mudanças de cor e de forma que acontecem nesse processo. O mais importante é a mão delicada, o cuidado com que se arranca a obra com raiz e tudo, para elevar o terreno do saber a um nível superior. Todo o resto vem naturalmente, porque são os aspectos mais válidos da obra que merecem o nome de crítica no seu mais nobre sentido.

39. Como os tempos mudaram! Há cem anos escrevia [Ludwig] Börne: "o que eles [os Alemães] mais desejam é um livro sobre outro livro... Quem quiser conquistá-los, não precisa fazer mais nada senão escrever; e quem quiser assegurar ainda mais o sucesso, que faça a recensão" (L. Börne, *Gesammelte Schriften* [Obras completas], ed. Karl Grün. Viena, 1868, vol. 6, p. 3).

40. Muito característico da crítica de hoje: quase nunca compromete mais um autor do que quando elogia. O que estaria em ordem, se ela não elogiasse precisamente o que é menos meritório. Mas o mesmo se passa com os melhores. Veja-se o caso de Hofmannsthal.

[Fragmento 132][112]

---

[112] A numeração dos fragmentos segue a da edição alemã, que concentra, numa sequência única, conjuntos de teses e fragmentos ou apontamentos sobre "Crítica

Perfil da nova geração
(c. 1930)

1. Essa gente não faz o mínimo esforço no sentido de garantir que exista uma qualquer base teórica para aquilo que produzem. Não só revelam uma completa incapacidade de compreender as chamadas grandes questões, os problemas da política e da mundividência, como também ignoram o pensamento fundamental sobre as questões da arte.
2. É gente inculta. E não apenas no sentido de saberem muito pouco, mas sobretudo por serem incapazes de alargar de forma metódica esses conhecimentos que lhes fogem. Nunca uma geração de escritores foi tão insensível como esta às exigências e às técnicas de um trabalho científico.
3. Enquanto esses escritores avançam, alegres e contentes, de um livro para outro, nós não conseguimos ver onde existe no seu trabalho uma evolução, e acima de tudo onde existe algo de estável, a não ser no aspecto técnico. O seu esforço e a sua ambição parecem esgotar-se em arranjar uma matéria nova, um tema que agrade, e é tudo.
4. Sempre existiu literatura de entretenimento – quero dizer, uma literatura que nunca assumiu qualquer forma de compromisso com o seu tempo e com as ideias que o movem, a não ser talvez o de propor o consumo dessas ideias numa forma agradável, confeccionada de acordo com o estilo da moda. Essa literatura de consumo tem direito à existência, e sempre encontrou o seu lugar e a sua legitimidade, pelo menos na sociedade burguesa. Mas aquilo que nunca aconteceu, nem na sociedade burguesa nem em qualquer outra, foi uma situação em que essa literatura de puro consumo e entretenimento se identificasse com a vanguarda, com uma escrita vista como a mais avançada do ponto de vista técnico e artístico. Ora, esse é o ponto a que chegaram as coisas com a produção da nossa mais recente escola.

---

literária", situados nos anos de 1929 a 1931, atribuindo números aos fragmentos, ordenados de forma sequencial e cronológica. (N.T.)

5. Aceitemos que as necessidades econômicas possam levar o escritor a produzir obras de qualidade inferior. Mas mesmo aí será possível ver, nos pormenores, qual é o seu calibre. Por mais discutível que seja o trabalho dos escrevinhadores de crônicas jornalísticas, não será impossível salvá-los de descer ao mais baixo nível da humilhação com algumas críticas de ordem substancial ou, ainda mais, estilística. A qualidade técnica de um autor revela o que ele é capaz de fazer; aquilo que ele não consegue alcançar é o fundamento da sua qualidade moral ou substancial. O mais espantoso é ver como são totalmente estranhas a essa escola as reservas que poderiam contribuir para melhorá-la e defendê-la, e não as de ordem moral ou simplesmente linguística. O que mais espanta é ver como para eles é perfeitamente natural, por exemplo, a exposição sem limites de si próprios, de um eu amaneirado, ensimesmado, inconsciente – em resumo, jornalístico. E como o oportunismo impregna, até aos mínimos pormenores, aquilo que escrevem

[Fragmento 133]

Conselho aos mecenas
(1929)

O baixo nível a que chegou a crítica literária alemã não é segredo para ninguém. Mas as razões que o explicam talvez sejam. Entre elas destaca-se a falta de camaradagem, de espírito de oposição, a falta de uma *clareza* nas relações dos que escrevem uns com os outros. Daí a marca espantosamente incaracterística das nossas tendências literárias e dos seus representantes, e a triste dignidade de uma crítica que mais não é do que a expressão do horizonte limitado e abafado em que é praticada. O humor precisa de liberdade de ação e espaço para respirar. Um mecenas inteligente que queira ajudar a literatura alemã terá de desistir de encontrar novos talentos. De lançar novos laureados com os prêmios Kleist ou Schiller. Em vez disso, que pense bem na seguinte sugestão: construir o parque de diversões da literatura alemã. O terreno não precisa ser muito grande, mas as suas possibilidades são ilimitadas: uma montanha-russa que percorra o romance alemão, começando nas grutas kafkianas de Praga e descendo a pique para o desfiladeiro de Ludwig Wolf, passando por Samiel Fischer e pelo caçador furtivo Hauptmann.[113]

Barraca das [salsichas?] literárias: Nietzsche, Goethe, Brecht, [texto interrompido].

Depois da cerimônia inaugural, um coro avança e diz mais ou menos o seguinte: "Nada que valha a pena".

[Fragmento 134]

Antíteses
(1930?)

Criticável		Não criticável	
Primado do teor de verdade	{Juízo de gosto	Primado do teor objetivo	Resumo de conteúdo
	Jornalismo	artístico	trivial
O teor de verdade como imagem modelar		O teor objetivo como imagem primordial	História literária
Comentário	Reação	Citação	Fonte documental
Estratégico	Jornalismo		
Sociedade (platônico)	Originalidade	Natureza (goethiano)	Convenção
Dominador	Arrogante	Servil	Dependente
Polêmica (mínimo de exposição)	Regra}	Exposição (mínimo de crítica)	Medida

A negação da crítica, que a antítese exprime, é de certo modo a posição da obra. O comentário representa a superação dialética das antinomias

---

[113] *"Grutas kafkianas de Praga"*: refere-se aos seguidores de Kafka no chamado "Círculo de Praga", escritores como Max Brod, Franz Werfel ou Egon Erwin Kisch.
Ludwig Wolff (1886-1958?): escritor e realizador de romances e filmes de entretenimento, muito produtivo entre o começo do século XX e os anos trinta. Morreu no exílio americano.
Samiel [Samuel] Fischer (1859-1934): judeu de origem húngara, fundador da conhecida editora alemã S. Fischer Verlag.
"Caçador furtivo Hauptmann": refere-se certamente ao dramaturgo naturalista *Gerhart Hauptmann* (1862-1946): visto como grande representante da literatura alemã nos anos entre as guerras, e com uma posição dúbia em relação ao Nacional-Socialismo. (N.T.)

na crítica. Só nesse estágio a obra é perfeitamente criticável e ao mesmo tempo não criticável. Só nesse estágio, por isso, a crítica é uma pura função da vida, ou da sobrevida, da obra. Só nesse estágio a citação e o comentário assumem o caráter da sua forma. A teoria de Goethe coincide, em tudo o que é essencial, com a crítica mediata; a relação da teoria platônica com a crítica romântica terá ainda de ser esclarecida.

[Fragmento 135]

**

I

Primeira forma da crítica que se nega a emitir juízos. Neste caso, o que importa mencionar é o ponto de vista subjetivo do crítico. Na sequência da leitura. Sealsfield: Não há nada melhor do que estar deitado no sofá lendo um romance. O grande fisionomista é mudo. A leitura é a mais elevada arte tradicional da fisionomia. Deve insistir-se muito neste ponto. Mas depois vem a verdade objetiva como contraponto dessa interpretação subjetiva. Concretamente, o ponto de vista goethiano de que nenhuma obra clássica pode, de fato, ser criticada.[114] Tentar a todo custo interpretar essa frase. Hipóteses várias: por exemplo, a de que as obras clássicas, sendo o fundamento dos nossos juízos, não podem transformar-se em seu objeto. Mas isso é extremamente superficial. Indo um pouco mais fundo: a exegese, a reflexão, a admiração, o entusiasmo de gerações passadas associaram-se intimamente às obras clássicas pelos assuntos, integraram-nas nas suas memórias, transformaram-nas em galerias de espelhos das gerações posteriores, ou algo assim. Nesse ponto, o nível superior da reflexão sobre o tema, introduzir o desenvolvimento da teoria da citação – da citação de que antes se falou apenas no âmbito da investigação técnica da crítica. Nesse nível superior da investigação chega-se à seguinte conclusão: a crítica escolar, estratégica e polêmica, e a crítica exegética que assenta no comentário destacam-se como polos opostos de uma crítica que tem como único instrumento a vida, ou sobrevida, das obras.

---

[114] Goethe, nas conversas com o chanceler von Müller: "Um livro que tenha tido uma grade repercussão já não pode, de fato, ser objeto de juízos de valor". (N.T.)

II

Se é certo que a crítica não tem de derivar da história literária, não é menos certo que a sua ocupação exclusiva com o novo e o atual terá consequências fatais. Remeter para a ideia de que nessa teoria da crítica como manifestação da vida das obras existe uma relação com a minha teoria da tradução.

[Fragmento 136]

A tarefa do crítico[115]
(1931)

A leitura como uma das centenas de formas possíveis de acesso ao livro. Em última análise, e em certa medida, sempre necessária como instância de controle, mas muitas vezes não como instância de controle. Que significa ter a intuição da aura que se gera em volta de um livro? Talvez signifique: ser capaz de esquecer. Esquecer rapidamente uma palavra, uma conversa sobre um livro, um olhar lançado às suas páginas, remetendo-o, por assim dizer, para o inconsciente como instância possível de um juízo. O inconsciente, que tem a capacidade de extrair essências das impressões fugidias, das imagens, como tantas vezes experimentamos nos sonhos. Do mesmo modo, o verdadeiro crítico tem muitas vezes o seu sonho desperto de um livro, antes mesmo de conhecê-lo. Aliás, em nada mais do que nesse aspecto, ele tem afinidades com um bom editor. Por isso, não foi por acaso que chegamos a essas matérias em conversa com um editor de Berlim.

Sobre a tremenda ilusão que é pensar que o fator determinante para se ser crítico é ter "opinião própria". De nada serve conhecer a opinião de alguém que não se conhece – sobre o que quer que seja. Quanto mais importante for um crítico, tanto mais a pura opinião pessoal será um caso de exceção, tanto mais o ponto de vista absorverá a opinião. Pelo contrário, o grande crítico será aquele que, através da

---
[115] O fragmento é um primeiro esboço do texto a que se alude em fevereiro de 1931, em carta a Gerhard Scholem, e que constituiria o prefácio ao volume de *Ensaios* de Benjamin a ser publicado pela editora Rowohlt (vd. Comentário, p. 194) (N.T.)

sua crítica, dá aos outros a possibilidade de formar uma opinião sobre a obra, em vez de ser ele a dá-la. Esse traço da figura do crítico não deve, porém, ser privado, deve antes ser uma determinação objetiva e estratégica. De um crítico deve saber-se o que ele defende, e ele deve dar a conhecer a sua tendência.

Refletir sobre as causas que levaram a que o conceito de gosto seja obsoleto. As origens do capitalismo, época do seu nascimento. A fase tardia atual. Dicionário de História Literária.

Alguns temas principais para a seção "A técnica do crítico": a teoria crítica da citação. Louvor e crítica negativa. Teoria da polêmica.

Para a seção "A tarefa do crítico": crítica das personalidades em destaque, crítica das seitas, crítica fisionômica, crítica estratégica.

Dialética da crítica: o juízo de valor e o que acontece na própria obra. Max Dessoir, Estudos de Filosofia da Arte [título correto: *Beiträge zur allgemeinen Kunstwissenschaft* (Achegas para uma Ciência Geral da Arte). Stuttgart, 1929].

[Fragmento 137]

★

Quase tudo o que podemos ler até hoje nas histórias materialistas da literatura se reduz a uma recolha obstinada dos estratos das obras nos quais vem à tona, aqui e ali, o seu conteúdo social – ou mesmo a sua tendência social. Mas o que acontece é que as expectativas detetivescas dos sociólogos, que precisamente esse método devia satisfazer, saem quase sempre goradas.

Sobrecarga da história literária devido a juízos de valor. Sobre o valor científico da minha teoria da fama das grandes obras.

Possibilidade de fruição oferecida por todas as obras de arte: não apenas na base das explicações que delas se dão, mas pelo fato de elas – precisamente devido a essas explicações – se tornarem receptáculos, não apenas dos conteúdos de verdade abstratos e menores, mas dos conteúdos de verdade que se interpenetram com conteúdos objetivos substanciais.

No verdadeiro crítico, o *juízo* propriamente dito é o último a que ele chega, e nunca a base do seu trabalho crítico. A situação ideal é aquela em que ele se esquece de emitir um juízo.

Sobre a ideia de que a crítica é inerente à obra[116]: a arte é apenas uma fase de transição das grandes obras. Estas foram antes qualquer outra coisa (no momento do devir), e outra coisa se tornarão (na fase da crítica).

[Fragmento 138]

*

Impõe-se uma nova revisão da relação entre ensino e pesquisa, sobre a qual assenta tradicionalmente a vida acadêmica. Para aqueles conteúdos que a academia tem hoje ainda como função transmitir, uma tal relação nem sempre é a forma mais adequada. Ela faz sentido para objetos que, no momento atual, se encontram no centro da existência; e para áreas que só agora se tornaram objeto de pesquisa, que começam agora a ganhar uma existência viva nos círculos culturais do presente. Por outro lado, os conteúdos que já foram explorados e descobertos cientificamente há muito tempo deveriam emancipar-se das formas em que aconteceu essa exploração, se quiserem ter ainda algum valor e alguma marca própria. Em outras palavras, no que se refere a tais conteúdos, a pesquisa e o ensino deveriam voltar a separar-se, para ambos poderem desenvolver novas e rigorosas formas próprias. Deveria desaparecer o lado mau da totalidade do método, para dar lugar, por um lado, a um tipo de pesquisa mais dinâmica, por outro, e acima de tudo, para possibilitar uma atividade docente menos banal e mais pensada. Em suma, deveria recorrer-se a uma certa intransigência para se poder chegar não tanto a uma reanimação da atividade docente através da pesquisa, mas antes a uma reativação – com forte participação – da pesquisa pela atividade docente. Trata-se de perspectivas para o estudo da história literária que nos são claramente proporcionadas pela análise do *Esboço de história da literatura alemã*[117] e da *Filosofia da ciência literária*.[118] Uma dessas obras mostra a esterilidade da arrogância

---

[116] Este pensamento é desenvolvido na tese de Benjamin *O conceito de crítica de arte no Romantismo alemão*, de 1920. (N.T.)

[117] O título original é: *Aufriß der deutschen Literaturwissenschaft nach neueren Gesichtspunkten*, ed. H. A. Korff e W. Linden, Leipzig, 1930. (N.T.)

[118] *Philosophie der Literaturwissenschaft*, ed. Emil Ermatinger, Berlim, Junker und Dünnhaupt Verlag, 1930. (N.T.)

do "método total", e a outra a incapacidade da pesquisa para tornar produtiva a atividade docente no estado atual a que ela chegou. E se o método alternativo, acima sugerido, poderá eventualmente dar alguns resultados, isso só acontece porque a atividade docente tem reais possibilidades de se orientar para novas camadas de estudantes, de tal modo que se poderá pensar numa reorganização das matérias curriculares que proporcione conhecimentos totalmente novos.

Em que sentido os "Esboços", "Guias", etc., podem ser pedras de toque para avaliar a situação de uma ciência; se serão eles os mais rigorosos, e como eles revelam de forma evidente, nas próprias formulações que usam, que ficam a meio caminho...

[Fragmento 139]

★

A crítica como ciência fundamental da história literária. O fato de as obras literárias serem, na obra de [Franz] Mehring,[119] apenas documentos. A desvantagem de um tratamento popularizante das suas matérias tem como resultado uma escolha de assuntos que facilitam esse tratamento. Daí a ausência, ou quase ausência, de referências ao Romantismo.

A crítica mágica[120] como manifestação de uma forma de crítica ao mais alto nível. Face a face com ela, e ao mesmo nível, está a crítica científica (histórico-literária).

[Max] Dessoir, Ensaios Reunidos [título correto: *Beiträge zur allgemeinen Kunstwissenschaft* (Achegas para uma Ciência Geral da Arte). Stuttgart, Ferdinand Enke, 1929]. Aí se encontra um texto sobre a crítica.

Não é aceitável a separação de princípio entre a história literária e a crítica.

---

[119] *Franz Mehring* (1846-1919): político e escritor ligado à socialdemocracia alemã no século XIX e começos do XX, foi o primeiro crítico a aplicar à história literária ou a autores e movimentos isolados (Lessing, o Classicismo) o método de análise materialista, de fundamento marxista. (N.T.)

[120] Uma referência possível para esse tipo de crítica seria o livro de H. Simon, *Die theoretischen Grundlagen des magischen Idealismus von Novalis* [Os fundamentos teóricos do idealismo mágico de Novalis], Heidelberg, 1905. (N.T.)

A teoria da vida das obras não pode prescindir da referência aos mais importantes trabalhos de Wiesengrund[121] – *Wozzeck, Novos Tempos Musicais*, etc. Essa teoria relaciona-se intimamente com o fato de que as obras não podem ser objeto de juízos de valor, e também com uma atitude crítica em que os juízos são estratégicos.

Dois tipos, se quisermos, da crítica transcendente: aquela que se dirige aos autores, e aquela que se dirige ao público.

Sobre a teoria da sobrevida das obras – a teoria da redução [*Schrumpfung*] de Wiesengrund. Essa redução deve ser vista numa dupla relação: 1) com a minha teoria da embalagem. A teoria das ruínas que o tempo provoca deve ser completada pela teoria dos processos de desmontagem, que é uma das competências do crítico; 2) a "redução" deve ser definida, em ligação com o meu ensaio sobre *As afinidades eletivas*,[122] como a assimilação do teor de verdade pelo teor objetivo. Nessa fórmula está contida a "sagrada sobriedade" daquela sobrevida.

Toda crítica materialista da literatura gira em torno da questão da ausência, nela, do lado "mágico", estranho a juízos, e do fato de ela sempre (ou quase sempre) pôr a descoberto o mistério da obra.

Sobre a teoria da redução, vd. Wiesengrund, "Novos tempos musicais"

A terceira seção, a teoria da sobrevida das obras, é dominada pela ideia de que essa sobrevida desmascara como mera aparência a ideia da arte como um território delimitado.

[Fragmento 140]

★

É necessário levar a sério o caráter mediador da escrita burguesa. Se o fizermos, é certo que se esbatem as diferenças entre a literatura política e a apolítica, mas também se destaca de forma mais evidente a distância que vai da literatice mais oportunista à mais radical.

---

[121] Theodor Wiesengrund Adorno e os seus ensaios "Die Oper *Wozzeck*" / A ópera *Wozzeck* [de Alban Berg] e "Neue Tempi", ambos de 1930 (hoje incluídos na secção de "Escritos musicais" das *Obras completas* de Adorno, da responsabilidade de Rolf Tiedemann. Frankfurt/M., Suhrkamp Verlag, 1982 e 1984, vols. 17 e 18). (N.T.)

[122] O ensaio de Benjamin sobre o romance de Goethe (de 1922) será incluído no próximo volume desta série. (N.T.)

E não podemos deixar de lembrar que, de fato, também a repercussão da "opinião imediata" é mediatizada, como o tem de ser toda repercussão de uma escrita que não tenha resultado de uma ação política. Os prejuízos acarretados por essa influência mediatizada involuntária – os da falta de uma clara consciência das classes a quem se dirige. A utilidade da influência mediatizada deliberada.

Sobre a exigência de originalidade que a crônica jornalística impõe *a todos*.

Nova Objetividade e livros sobre a Guerra.

Originalidade e uma inocência despudorada é o que exigem esses tipos...

Sobre a falsa crítica.

Exposição completa desta seção com base no concei- [suspensão; continuação no fragmento seguinte, n.º 142]

[Fragmento 141]

★

Falsa crítica
(1930-1931)

A exposição completa desta seção deve ser integrada no conceito de corrupção objetiva, e orientada para a situação atual.

A distinção entre crítica pessoal e crítica objetiva, com cuja ajuda a polêmica é desacreditada, é um instrumento-chave da corrupção objetiva. Todo discurso tético (assertivo) culmina na salvação da polêmica. E com isso estamos dizendo que a imagem de Karl Kraus[123] é a única, nesta nossa época, que pode representar a força da polêmica e a sua técnica. O pressuposto fundamental da sua mestria polêmica reside no fato de Kraus orientar as suas invectivas não tanto para as pessoas e os seus livros – que para a crítica mais vulgar constituem o único objeto –, para o que elas são, mas mais para o que fazem, não tanto para o que dizem, mas mais para o que escrevem. O polemista compromete-se com a sua pessoa. Kraus foi

---

[123] Da mesma época deste fragmento é o longo ensaio "Karl Kraus", que será incluído no próximo volume desta série. (N.T.)

mais longe: sacrifica a sua pessoa. É importante continuar a pensar o significado desse gesto.

O Expressionismo como base da corrupção objetiva (Kraus sempre foi intransigente para com ele). O Expressionismo é o disfarce do gesto revolucionário sem fundamento revolucionário. Entre nós apenas foi superado pelas modas, nunca de forma crítica. Por isso todas as suas perversões se mantiveram, sob outras formas, na Nova Objetividade que o substituiu. Ambas as tendências manifestam a sua solidariedade na tentativa de dominar a experiência da guerra a partir do ponto de vista da burguesia. O Expressionismo fá-lo sob o signo da humanidade; depois, fez-se o mesmo em nome da objetividade. As obras dos novos autores alemães são marcos num caminho a partir do qual, e em qualquer ponto, é possível oscilar, quer para a esquerda, quer para a direita. Elas são sinais de alerta de uma casta que se situa entre as classes. O *tendancisme sans tendance*[124] que, desde o Expressionismo, caracteriza a nossa literatura manifesta-se da forma mais evidente no fato de já não haver disputas entre escolas. Cada um pretende apenas demonstrar uma coisa: que domina a última moda. É por isso que nos novos manifestos encontramos sempre os velhos nomes; poucas vezes se viu uma época como esta, em que os mais velhos vão despudoradamente atrás da juventude.

Não estamos querendo dizer que seja essencial, ou mesmo útil, para a crítica orientar-se sempre explicitamente por ideias políticas. Mas isso é absolutamente necessário para a crítica polêmica. Quanto mais pormenorizada for a imagem pessoal que avança para primeiro plano, tanto mais terá de haver um consenso entre o crítico e o seu público sobre a película, a imagem do tempo que lhe serve de pano de fundo. Mas toda autêntica imagem de época é política. E a miséria crítica da Alemanha vem-lhe do fato de a estratégia política, mesmo no caso extremo do comunismo, não coincidir com a literária. É o destino fatal do pensamento crítico, e talvez também do político.

Se numa boa polêmica domina a nota pessoal, isso representa apenas a manifestação extrema de uma verdade universal – a de que a mera objetividade crítica, que, caso a caso e sem segundas intenções, não tem nada a dizer para além do seu juízo particular, acaba sempre

---

[124] Em francês no original. (N.T.)

por ser desinteressante. Essa "objetividade" mais não é do que o reverso da ausência de perspectivas e de diretivas de uma prática da resenha com que o jornalismo aniquilou a crítica.

O que é próprio desta objetividade, a que se poderia chamar nova, mas também desprovida de consciência, é que nos seus produtos, em última análise, a *bona fides* vai sempre dar à reação "temperamental" da figura original de um crítico. Essa criatura, cândida e despreconceituada, de que a crítica burguesa tanto se ufana e cuja gesticulação é visível, da forma mais insistente, em Alfred Kerr, na verdade é apenas a expressão do zelo servil com que o jornalista cultural satisfaz a sua necessidade de figuras marcantes, temperamentos fortes, gênios originais e personalidades. A honestidade dessa estirpe de crítico é puro fogo de artifício; e quando mais fundo for o tom de convicção, tanto mais fétido é o seu hálito.

Bem vistas as coisas, a reação do Expressionismo foi muito mais patológica do que crítica: quis superar o tempo em que surgiu tornando-se a expressão desse tempo. Nisso, o negativismo do Dadaísmo foi muito mais revolucionário. E até ao *mouvement Dada* afirma-se ainda uma posição solidária da intelectualidade alemã com a francesa. Mas enquanto na França daí nasceu o Surrealismo, a novíssima geração literária alemã castrou o pensamento e içou a bandeira da Nova Objetividade. As verdadeiras tendências desse movimento só num ponto se podem comparar com as do Surrealismo. Trata-se, em ambos os casos, de retrocessos que nos fazem regressar a 1885. De um dos lados, um regresso a Sudermann,[125] do outro, a Ravachol.[126] Apesar de tudo, a diferença é notória.

"Quando se apoia um movimento revolucionário, compromete-se o seu desenvolvimento no momento em que se dissociam as suas diversas componentes em nome do gosto", disse Apollinaire. E ao dizê-lo pronunciou também a sentença de morte da crítica jornalística, que continua a produzir-se em nome do gosto. E que marca a essência

---

[125] *Hermann Sudermann* (1857-1928): romancista, dramaturgo e jornalista, expoente popular do Naturalismo alemão. (N.T.)

[126] *François Claudius Koenigstein*, conhecido por Ravachol (1859-1892), foi um anarquista francês, preso e condenado à morte depois de vários ataques com bomba. Ravachol transformou-se posteriormente num mito da resistência aos poderes instituídos. (N.T.)

mais habitual da crítica: deixar-se levar sem problemas pelas reações pessoais (o resultado é a famigerada "opinião própria"), criando ao mesmo tempo a ilusão de que ainda existe uma estética. De fato, toda crítica tem hoje de partir do princípio de que não há critério que tenha hoje qualquer cotação. E não há maneira de ressuscitá-lo, nem pelos mais refinados desenvolvimentos da velha estética. Pelo contrário, é a crítica – pelo menos para começar, no seu estágio inicial – que tem de encontrar um programa que lhe sirva de fundamento, e que agora, se ela quiser estar à altura das tarefas com que se confronta, não pode ser outro senão um programa político-revolucionário (as citadas frases de Apollinaire mais não são do que a exigência de um tal programa). Afinal, também a velha estética, nomeadamente a de Hegel, continha em si pontos de vista altamente críticos em relação à sua época. Mas a crítica atual entende esses conceitos e esquemas em sentido absoluto, tal como faz com as obras.

Desenvolver as características de um efeito autêntico e mediato da escrita revolucionária com base na obra de Karl Kraus. A aparência de conservadorismo nessa escrita. Associando-se àquilo que de melhor produziu a classe burguesa, ensina de forma exemplar que aquilo que de mais valioso essa classe trouxe ao mundo terá de se apagar nos limites da sua existência, e só se conservará com uma atitude revolucionária. Mas também ensina que os métodos com que a burguesia construiu a sua ciência arruínam hoje essa ciência, se forem aplicados com rigor e sem oportunismos.

Nada diz mais sobre o nosso meio literário do que as suas tentativas de alcançar os maiores resultados com o menor investimento. O acaso jornalístico veio substituir a responsabilidade literária. É absurdo o modo como os literatos da "Nova Objetividade" exigem repercussão política sem investimento pessoal. Esse investimento pode ser prático, e consistir numa atividade político-partidária disciplinada; e pode ser literário, através da exposição da vida privada, de uma intervenção polêmica generalizada, como acontece com o Surrealismo na França e com Karl Kraus no espaço alemão. Os literatos de esquerda não fazem nem uma coisa nem outra. E temos de desistir de concorrer com eles na luta por um programa de "literatura política". Porque quem se aproxima do caráter mediador, e mais ainda do efeito de mediação da escrita burguesa séria, terá de reconhecer que aí se diluem as diferenças entre a literatura política e a apolítica. E que aparecem de forma mais nítida as diferenças entre a literatice oportunista e a radical.

A toda reflexão sobre a arte se aplica a máxima de que a análise que não depare com as relações escondidas na própria obra ensina a ver as que não existem na obra, passando assim ao lado da obra e do seu objeto próprio. Aprender a ver na obra significa dar-se bem conta de como, na obra, se interpenetram o seu teor objetivo e o seu teor de verdade. Não pode ser reconhecida nenhuma crítica que se não solidarize, num qualquer aspecto, com a verdade que se esconde na obra, apenas se preocupando com aspectos exteriores. Infelizmente, é esse o caso de quase toda crítica que entre nós ficou conhecida como crítica marxista. Trata-se quase sempre se um insensível trabalho de exploração das linhas que, na obra, tornam visível um conteúdo social, quando não uma tendência social. Mas tudo isso não nos leva à obra, leva apenas a emitir opiniões que se aplicariam a ela. E sai de mãos vazias o marxista que espera poder chegar ao mais íntimo da obra com o olhar do sociólogo; ainda não foi criada a estética dedutiva que ninguém mais que o marxismo deveria exigir. Só mesmo no íntimo da obra, lá onde se interpenetram o teor de verdade e o teor objetivo, se abandona definitivamente a esfera da arte, e nesse limiar desaparecem também todas as aporias estéticas, a discussão sobre forma e conteúdo, etc., etc.

A estrutura da parte final agrupa-se em torno dos seguintes temas: 1) Há uma sobrevida das obras; 2) A lei dessa sobrevida é a da redução; 3) Na sobrevida das obras, o seu caráter artístico recua; 4) A crítica acabada rompe o espaço da estética; 5) Técnica da crítica mágica.

Oposição entre categorias: Totalidade (qualidade formal) e autenticidade.

[Fragmento 142]

Para uma crítica da "Nova Objetividade"[127]
(1930-1931)

Com o Expressionismo entrou energicamente em cena a politização da *intelligentsia*. Poderia desenvolver-se a ideia de que esse

---

[127] Algumas das ideias deste fragmento foram retomadas e desenvolvidas no ensaio "O autor como produtor", incluído em *Estética e sociologia da arte*, sexto volume desta série. (N.T.)

movimento foi ele mesmo expressão dessa politização e a tentativa de determiná-la num sentido idealista, apesar de uma certa tendência para a ação. Essa posição idealista foi revista e o resultado foi a Nova Objetividade. Mas também foi revista a prática revolucionária de que o Expressionismo foi um modesto começo (dar exemplos!). Uma tal revisão não pôde, naturalmente, ser feita às escondidas. Correspondendo à "estabilização", as tendências práticas entraram em retrocesso, mas ao mesmo tempo proclamava-se a importância política absoluta dos autores de esquerda. E acreditava-se que essa importância se podia manifestar nada mais nada menos do que atribuindo a todos esses autores uma repercussão imediata. A primeira consequência foi a de descartar toda reflexão teórica. A teoria e a reflexão parecem ser, e são mesmo, avessas a repercussões imediatas. Já é altura de tomarmos consciência de que o tão afamado recurso aos fatos tem, na verdade, duas frentes. Por um lado, combate a ficção estranha à realidade, as "belas-letras", e por outro lado insurge-se contra a teoria. É o que nos mostra a experiência. Nunca, como hoje, uma geração de jovens escritores mostrou tanto desinteresse pela legitimação teórica do seu prestígio. Tudo o que vá para além de uma *argumentatio ad hominem* já está fora dos seus horizontes. Como poderia ela chegar a um esclarecimento teórico das suas posições, se essas posições estão voltadas para dentro e excluem em si mesmas todo e qualquer ponto de vista mais lúcido? Esse ponto de vista é o da situação de classe dos escritores. E está desde logo votado ao fracasso pela pretensão de uma repercussão política imediata dos seus escritores, como pretendem esses mesmos escritores. É preciso analisar com rigor uma tal pretensão.

A pretensão de repercussão política imediata revelar-se-á, não apenas como um *bluff*, mas ao mesmo tempo como a tentativa de liquidar uma situação praticamente sem saída por meio de manobras totalmente sem saída. Em suma, não há nisso comparação mais adequada do que com o barão de Münchhausen, que pretendia puxar-se a si próprio pela trança para sair do pântano. Essa literatura e reportagem radical de esquerda pode fazer o que quiser, mas nunca poderá servir para negar o fato de que a própria proletarização dos intelectuais quase nunca produz um proletário. E por quê? Porque a classe burguesa, e a cultura que lhe corresponde, o apetrechou desde a infância com um meio de produção que, precisamente devido a esse privilégio da cultura, o torna solidário com a sua classe, e talvez ainda mais a sua classe com ele. Essa solidariedade até pode atenuar-se, ou mesmo desfazer-se, à superfície; mas quase sempre é suficientemente forte para excluir o intelectual da permanente situação extrema, de uma existência mais exposta dos que foram politizados pelas classes proletárias. E, assim, também suficientemente forte para retirar a tudo o que ele escreve as forças que vêm de uma prática de luta vivida e sentida na pele. Essas forças, que só a prática de luta pode dar plenamente, chamam-se teoria e conhecimento. Os escritos de Lênin evidenciam como os resultados literários de uma prática política se distanciam da escrita incaracterística e crua dos fatos e da reportagem que hoje nos querem vender por literatura política, e como eles são iminentemente teóricos.

[Fragmento 143]

História literária e ciência da literatura

Haverá sempre tentativas de apresentar a história das várias ciências como se se tratasse de um processo evolutivo fechado em si mesmo. Fala-se muito da autonomia das ciências. E ainda que a fórmula pretenda, a princípio, designar apenas o sistema conceitual das disciplinas isoladas, a ideia de autonomia acaba por se deslocar facilmente para o campo da história, levando por vezes à tentativa de apresentar a história da ciência como um processo autônomo e isolado, independentemente do processo político-ideológico global. Não cabe aqui discutir o direito de assim proceder; mas, independentemente da posição que se assuma sobre a questão, se quisermos ter a percepção do estado de desenvolvimento de uma disciplina, mantém-se a necessidade de mostrar como os resultados a que se chega não são apenas um elo no processo autônomo de evolução dessa ciência, mas sobretudo um elemento no contexto cultural global de um determinado momento. Sempre que a história literária, como adiante se mostrará, se encontra numa fase de crise, essa crise não é mais do que o sintoma parcial de uma outra, muito mais ampla. A história literária não é apenas uma disciplina, representa antes, na sua evolução, um momento da história geral.

Essa última afirmação não levanta dúvidas. E a primeira? Será a história literária uma disciplina da História? Veremos pelo que se segue em que sentido a resposta deverá ser negativa. E poderemos desde já começar por afirmar que ela, contrariamente ao que o seu nome poderia fazer supor, não nasceu no âmbito da História. Enquanto domínio da formação estética, ou uma espécie de saber aplicado do gosto, ela situava-se, no século XVIII, entre um manual de Estética e um catálogo de livreiro.

O primeiro historiador prático da literatura, Gervinus,[128] apresenta em 1835 o primeiro volume da sua *Geschichte der poetischen Nationalliteratur der Deutschen* [História da literatura poética nacional dos Alemães]. Considerava-se um representante da escola histórica; as grandes obras são para ele "acontecimentos históricos, os poetas gênios da ação, e os juízos sobre eles repercussões públicas de grande alcance. Essa analogia com a história universal tem uma ligação tão estreita com a posição individual de Gervinus como o seu processo de suprir a falta de perspectivas artístico-filosóficas por meio da 'comparação' das grandes obras com obras 'afins'".[129] Não se esperaria que uma obra como essa, brilhante, mas metodologicamente ingênua, problematizasse a verdadeira relação entre literatura e história, para não falar já da relação da história com a história literária. Se levarmos em conta o que se passa nesse domínio até meados do século, torna-se evidente a total indefinição da posição da história literária, quer no campo da História, quer apenas na sua relação com ela. E com a entrada em cena de nomes como Michael Bernays, Richard Heinzel ou Richard Maria Werner[130] deu-se um retrocesso nessa situação de perplexidade epistemológica e crítica. Renunciou-se à orientação histórica de forma mais ou menos programática, substituindo-a por uma aproximação às ciências naturais. Antes, até mesmo compilações de orientação bibliográfica permitiam ter uma ideia do processo global de evolução; agora, regressava-se obstinadamente ao trabalho monográfico, ao "recolher e conservar". Esse tempo de doutrinas positivistas produziu, é certo,

---

[128] *Georg Gottfried Gervinus* (1805-1871): germanista que iniciou a historiografia literária na Alemanha, na primeira metade do século XIX. Foi professor em Göttingen e Heidelberg e membro liberal da Assembleia Nacional de 1848 (a chamada "Assembleia da Igreja de S. Paulo/Paulskirche" em Frankfurt). (N.T.)

[129] A citação vem de: Walter Muschg, "Das Dichterporträt in der Literaturgeschichte" [O retrato de poeta na história literária], in: *Philosophie der Literaturwissenschaft* [Filosofia da ciência literária], ed. Emil Ermatinger, Berlim, Junker und Dünnhaupt Verlag, 1930, p. 288. (N.T.)

[130] *Michael Bernays* (1834-1897): nascido em Hamburgo de família judaica, foi professor de literatura em Leipzig, Munique e Karlsruhe; *Richard Heinzel* (1838-1905): germanista e medievalista, professor da Universidade de Viena; *Richard Maria Werner* (1854-1913): germanista austríaco, nascido na Tchecoslováquia e professor da Universidade de Lemberg, especialista e editor do dramaturgo Friedrich Hebbel. (N.T.)

um grande número de histórias da literatura para uso doméstico da burguesia, como complemento do rigoroso trabalho de pesquisa. Mas o panorama histórico universal que apresentavam não ia além de uma espécie de cenário confortável para uso do autor e dos seus leitores. A história da literatura de Scherer,[131] com a sua infraestrutura de fatos exatos e as suas grandes periodizações rítmicas, de três em três séculos, representa uma boa síntese das duas linhas fundamentais da pesquisa dessa época. Com razão se destacaram as intenções político-culturais e organizativas que presidiram à escrita dessa obra, e também a visão subjacente, ao estilo de Makart,[132] de um colossal cortejo triunfal de vultos alemães idealizados. Os protagonistas da ousada composição de Scherer "brotam, quer da atmosfera política, quer da literária, religiosa e filosófica, sem criar a impressão de que derivam de uma necessidade real, ou sequer de uma mera coerência externa; ela mistura os seus efeitos com os das obras singulares, das ideias absolutizadas ou dos vultos literários, resultando de tudo isso um colorido pandemônio, mas nada que se pareça com uma ordem histórica".[133]

O que aqui se prepara é o falso universalismo do método histórico-cultural. Com a criação do conceito de "ciências da cultura" por Rickert e Windelband[134] fica concluída essa evolução. A vitória desta forma de abordagem histórico-cultural foi de tal modo absoluta que ela se tornou agora, com a *História alemã* de Lamprecht,[135] o fundamento teórico de uma visão pragmática. Com a proclamação dos "valores",

---

[131] *Wilhelm Scherer* (1841-1886): germanista, um dos mais influentes representantes de uma filologia positivista do século XIX alemão. (N.T.)

[132] *Hans Makart* (1840-1884) foi um conhecido pintor austríaco de grandes cenas históricas e alegóricas, célebre pelo seu gosto da pompa e do *bric-à-brac*. Marcou toda uma época, incluindo a moda e a decoração (o *Makart-Stil*). (N.T.)

[133] W. Muschg, 1930, p. 290. (N.T.)

[134] *Heinrich Rickert* (1863-1936) e *Wilhelm Windelband* (1848-1915): filósofos alemães fundadores da "Escola de Baden" e da chamada "filosofia dos valores", de inspiração neocantiana. Afirma-se a especificidade das ciências humanas em relação às ciências naturais. (N.T.)

[135] *Karl Lamprecht* (1856-1915): historiador alemão cujos esforços se orientaram no sentido de fazer da História uma ciência exata, através da determinação das suas leis de desenvolvimento social e psicológico, da pré-história à atualidade. A obra referida é a *Deutsche Geschichte*, publicada em Berlim, em 12 volumes, entre 1894 e 1912. (N.T.)

a História fora de uma vez por todas falsificada no sentido de um certo modernismo, a pesquisa tornara-se mero serviço laico de um culto que celebrava, num rito sincrético, os "valores eternos". Dá que pensar o modo como foi curto o caminho que de aqui levou às mais encarniçadas aberrações da história literária mais recente; e como esse método castrado foi capaz de extrair atrativos dos mais repugnantes neologismos, protegido pela fachada dourada dos "valores": "Tal como toda poesia tem por objetivo último o mundo dos valores 'verbalizáveis', assim também ela significa, do ponto de vista formal, uma última potenciação e interiorização das forças expressivas diretas do discurso".[136] Bem ou mal, depois dessa informação, tornamo-nos insensíveis ao choque da constatação de que o próprio poeta vive esta "última potenciação e interiorização" como "prazer da verbalização". Trata-se do mesmo mundo a que pertence a "obra de arte da palavra",[137] e raramente uma palavra provocada se revelou tão nobre como no caso da palavra Poesia [*Dichtung*]. De tudo isso se ufana aquela ciência que trai a si própria ao se reclamar da "extensão" dos seus objetos e dos seus procedimentos "de síntese". O ímpeto lascivo que a impele para o grande Todo é a sua desgraça. Senão vejamos: "Com uma força e uma pureza dominadoras, destacam-se os valores espirituais..., 'ideias' que fazem vibrar a alma do poeta e o atraem para a figuração simbólica. Sem sistema, mas com suficiente clareza, o poeta faz-nos sentir a cada momento a que valores ou a que estrato de valores concede a sua preferência; e talvez também qual o lugar hierárquico que reconhece a esses valores". Esse pântano é o *habitat* natural da hidra da estética acadêmica, com as suas sete cabeças: gênio criador, empatia, atemporalidade, recriação, identificação anímica, ilusão e fruição artística. Quem quiser conhecer o mundo dos seus adoradores, só tem de recorrer à coletânea representativa mais recente,[138] com que os historiadores da literatura alemães de hoje

---

[136] Citado de: Robert Petsch, "Die Analyse des Dichtwerkes" [A análise da obra poética], in: *Philosophie der Literaturwissenschaft*, 1930, p. 263. (N.T.)

[137] A fórmula deriva da obra com esse título (*Das Wortkunstwerk*, 1926), do germanista austríaco *Oskar Walzel* (1864-1944), que foi também pioneiro dos "estudos interartes" com o seu escrito *Wechselseitige Erhellung der Künste* [A mútua iluminação das artes], de 1917. (N.T.)

[138] *Philosophie der Literaturwissenschaft*, edição de Emil Ermatinger, citada antes. (N.T.)

buscam prestar contas do seu trabalho, e da qual extraímos as anteriores citações. Isto não quer dizer, no entanto, que os seus colaboradores respondam solidariamente uns pelos outros: autores como Gumbel, Cysarz, Muschg, Nadler demarcam-se certamente do terreno caótico em que aqui aparecem.

E isso torna ainda mais significativo o fato de homens que podem reclamar-se de trabalhos científicos de alto nível não terem conseguido impor na comunidade dos seus pares a atitude que enobreceu a Germanística dos primórdios. Toda essa operação provoca naqueles que se movem com familiaridade no espaço da literatura a inquietante impressão de ver uma companhia de mercenários entrando em passo pesado pela sua bela e segura casa adentro, pretensamente para admirar os seus tesouros e a sua magnificência. E então não restam dúvidas de que eles não se importam com a ordem e o inventário dessa casa; vieram para cá porque a posição é estratégica, e porque dela se pode disparar sobre a entrada de uma ponte ou trecho de ferrovia, cuja defesa é importante na guerra civil. E assim a história literária se instalou na casa da Poesia, porque da posição do "belo", dos "valores vivenciais", do "ideal" e de outros olhos de boi se pode fazer fogo resguardado pela melhor proteção.

Não se pode dizer que as tropas que lhes fazem frente nessa guerrilha disponham de suficiente treino. Estão sob o comando dos historiadores materialistas da literatura, entre os quais se destaca o velho Franz Mehring.[139] O que este homem significa provam-no repetidamente todas as obras da história materialista da literatura vindas a lume depois da sua morte — da forma mais clara o livro *Deutsche Dichtung in ihren sozialen, zeit- und geistesgeschichtlichen Bedingungen* [A literatura alemã e os seus condicionalismos sociais, epocais e filosóficos], uma obra de Kleinberg[140] que reproduz servilmente os chavões de um Leixner ou de um Koenig para, quando muito, emoldura-los com alguns ornamentos de livre-pensador: uma verdadeira bênção doméstica para o pacato cidadão. Mehring, porém, é materialista muito mais pela amplidão dos seus conhecimentos históricos gerais e histórico-econômicos do que pelo seu método. A sua tendência remonta a

---

[139] Franz Mehring: vd. nota 119.
[140] A obra de Alfred Kleinberg foi editada em Berlim (editora Dietz) em 1927. (N.T.)

Marx, a sua escola é a kantiana. Assim, a obra desse homem, que se orientava pela firme convicção de que "o mais nobre patrimônio da nação" conserva a sua validade em todas as circunstâncias, é muito mais conservadora, no melhor sentido do termo, do que revolucionária.

Mas a fonte da juventude da História é alimentada pelo Letes. Nada é mais renovador do que o esquecimento. Com a crise da cultura, aumenta o caráter de representação, esvaziado de conteúdo, da história da literatura, que se revela da forma mais evidente nas muitas edições populares. É sempre o mesmo texto incaracterístico, que ora segue esta, ora aquela ordem de acontecimentos. Esse tipo de trabalhos há muito que nada tem de científico, a sua função esgota-se em dar a certas camadas a ilusão de uma participação no patrimônio literário. Só uma ciência que renuncia ao seu estatuto de museu consegue colocar o real no lugar da ilusão. Isso teria como pressuposto não apenas a vontade determinada de eliminar muita coisa, mas também a capacidade de inserir a prática da história literária numa época em que o número dos que escrevem – e não se trata apenas de literatos e poetas – cresce diariamente, e em que o interesse técnico pelas coisas da escrita se faz sentir com muito mais premência do que o formativo. Os especialistas de hoje poderiam levar isso em conta, e já começaram a fazê-lo, com a análise da literatura anônima – por exemplo, a literatura de almanaque e de cordel –, bem como da sociologia do público, das associações de escritores, do comércio livreiro em várias épocas. Mas o mais importante nesse contexto não será provavelmente tanto a renovação do ensino pela pesquisa, mas sim da pesquisa através do ensino. Na verdade, há uma relação direta entre a crise da cultura e o fato de a história literária ter perdido completamente de vista a sua missão mais importante – que foi a das suas origens enquanto "ciência estética" –, que é de ordem didática.

Mas deixemos a problemática dos condicionalismos sociais. Do mesmo modo que o Modernismo nivelou, nesse aspecto, a tensão entre o conhecimento e a prática no conceito museológico da cultura, assim também aconteceu no campo da história, ao nivelar-se o presente e o passado, ou seja, a crítica e a história literária. A história literária da época moderna não está interessada em se legitimar perante o seu tempo através de uma fecunda reflexão sobre o passado; acha que pode fazê-lo melhor através de um protecionismo à escrita contemporânea.

É espantoso ver como aqui a ciência acadêmica se adapta a tudo, como vai na onda. Se a Germanística dos primórdios excluía a literatura do seu tempo do âmbito da sua reflexão, isso não acontecia, como hoje se pensa, por razões de uma inteligente precaução, mas devido à regra ascética de vida de indivíduos com uma natureza de pesquisadores que servia diretamente a sua época através de uma investigação do passado a ela adequada. O estilo e a atitude dos irmãos Grimm dão testemunho de que a dietética que a sua obra exigiu não foi de menor importância que a das grandes criações artísticas. Tal atitude foi substituída pela ambição da ciência de poder competir em volume de informação com qualquer jornal das grandes cidades.

A Germanística de hoje é eclética, quer dizer, totalmente não filológica, se tomarmos como referência não o conceito positivista da filologia da escola de Scherer, mas o dos irmãos Grimm, que em caso algum procuravam apreender os conteúdos fora da palavra, e que sentiriam um calafrio ao ouvir falar de análise científica da literatura como "transparência" ou "transcendência dos seus próprios limites". Não há dúvida de que, desde então, nenhuma geração conseguiu o mesmo grau de interpenetração de reflexão histórica e crítica. E se existe um aspecto em que a historiografia literária do Círculo de George[141] – relativamente isolada, mas notável em alguns, poucos, dos seus membros (Hellingrath, Kommerell) – e a escrita acadêmica se aproximam, ele será o de que ambas, à sua maneira, apresentam um mesmo espírito antifilológico. A panóplia do panteão alexandrino, conhecida das obras dessa escola – *virtus* e *genius*, *kairós* e *daimon*, *fortuna* e *psyche* –, coloca-se diretamente ao serviço de um exorcismo da História. E o ideal dessa linha de pesquisa seria a distribuição da totalidade das letras alemãs por bosques sagrados com templos de poetas eternos no seu interior. A decadência da pesquisa filológica conduz, em última instância – e o Círculo de George não é o menos atingido por isso – àquela falsa questão que confunde cada vez mais o trabalho no âmbito da história literária: até que ponto poderá, se é

---

[141] O chamado George-Kreis, círculo literário organizado em torno do poeta Stefan George (1868-1933) e da sua revista programática *Blätter für die Kunst* [Folhas de Arte, 1892-1919], cujo ideário poético da "arte pela arte" exerceu grande influência no meio artístico e literário da época. (N.T.)

que pode, a razão dar conta de uma obra de arte. Estamos muito longe do reconhecimento de que a sua existência no tempo e o processo da sua compreensão são apenas duas faces de uma e da mesma realidade. Penetrar nessa realidade é a tarefa dos trabalhos monográficos sobre as obras e as formas.

"Quanto ao presente", lemos em Walter Muschg, "pode dizer-se que ele está, nos seus trabalhos essenciais, quase exclusivamente orientado para a monografia. A geração atual perdeu em grande parte a crença no sentido de uma representação global. Em vez disso, confronta-se com figuras e problemas que, naquela época das histórias universais, lhe pareciam primar pela ausência". Confronta-se com figuras e problemas – pode ser que esteja certo. Na verdade, o que acima de tudo devia fazer seria confrontar-se com as obras. O ciclo global de vida e de influência das obras deve ser tratado com igualdade de direitos, e mesmo com preponderância, em face da história da sua gênese, ou seja: o seu destino, a recepção pelos contemporâneos, as traduções, a sua fama. Dessa forma, a obra configura-se no seu interior como um microcosmo, ou melhor, como um micro-*eon*. Porque não se trata, realmente, de apresentar as obras literárias no contexto geral do seu tempo, mas sim de levar à representação, no tempo em que surgiram, do tempo que as reconhece – e que é o nosso. E assim a literatura se transforma num *organon* da História. E a tarefa da história literária é transformá-la nisso, e não as obras escritas em materiais da História.

O contador de histórias:
reflexões sobre a obra de Nikolai Leskov

I

O contador de histórias[142] – por muito familiar que o nome soe – deixou de ser entre nós uma presença viva e eficaz. É para nós qualquer coisa já distante, e sê-lo-á cada vez mais. Apresentar um Leskov[143] como contador de histórias não significa aproximá-lo de

---

[142] Traduzo este título (*Der Erzähler* no original), a contrapelo do que tem sido habitual noutras versões, por "O contador de histórias". Por um lado, para ir ao encontro de toda a intenção do ensaio de Benjamin, que é a de recuperar uma forma e uma figura que o romance e o progresso técnico e social (através da informação) colocaram na sombra ou fizeram mesmo desaparecer, e que o texto remete muitas vezes para a tradição oral. Por outro, porque o termo sempre utilizado ("O narrador", com a exceção da língua inglesa, que usa também "The storyteller") perverte o sentido original: enquanto termo técnico, "narrador" é uma categoria da teoria da narrativa; e no seu uso corrente a palavra perde perfil próprio, na medida em que se refere a todo aquele que narra – incluindo, naturalmente, o romancista, que está fora do âmbito semântico do "contador de histórias". O próprio Benjamin parece ir neste sentido quando, numa carta de 13 de dezembro de 1939, ao filósofo Paul Landsberg (então também exilado em Paris, e que viria a morrer em 1944 no campo de concentração de Oranienburg), anota, em francês: "Voilà 'Le narrateur' (mais il faudrait bien plutôt traduire: 'Le conteur')..." ["Eis 'O narrador? (mas seria mais correto traduzir por 'O contador de histórias')..."] (GB VI, 367). (N.T.)

[143] Nikolai Leskov nasceu em 1831 no distrito de Oryol e morreu em 1895 em S. Petersburgo. O seu interesse e a sua simpatia pelo campesinato aproximam-no de Tolstói, a sua orientação religiosa revela afinidades com Dostoiévski. Mas precisamente aquelas obras que dão expressão fundamental e doutrinária a essas tendências, os romances da sua primeira fase, revelaram ser a parte mais efêmera da sua obra. A importância de Leskov está nas suas histórias breves, e essas pertencem a uma fase posterior da sua produção. Desde o fim da Guerra foram feitas, no espaço alemão, várias tentativas para tornar conhecidos esses seus contos.

nós, significa, pelo contrário, aumentar a distância que nos separa dele. Observados a partir de uma certa distância, os traços marcantes e simples que caracterizam o contador de histórias revelam-se como os que nele são mais importantes. Melhor dizendo, manifestam-se nele como uma cabeça humana ou o corpo de um animal num rochedo, para o observador colocado à distância certa e no ângulo de visão adequado. Essa distância e esse ângulo de visão são-nos ditados por uma experiência pela qual passamos quase diariamente. É uma experiência que nos diz que a arte de contar está chegando ao fim. É cada vez mais raro encontrarmos pessoas capazes de contar uma história como deve ser. É cada vez mais manifesto o embaraço num grupo de pessoas quando alguém pede para ouvir uma história. É como se uma valiosa capacidade que parecia inalienável, a mais segura entre as que eram seguras, nos tivesse sido retirada: a capacidade de trocar experiências.

A causa desse fenômeno é evidente: a cotação da experiência baixou. E tudo indica que continuará a perdê-la, até desaparecer por completo. Um simples olhar para o jornal nos mostra que ela está hoje em baixa ainda mais acentuada, que a imagem do mundo, não apenas a do exterior mas também a do mundo moral, sofreram de um dia para o outro transformações vistas como impossíveis. A Guerra Mundial deu início a um processo que desde então nunca mais parou. Não é verdade que no fim da guerra os homens regressavam mudos do campo de batalha? Não mais ricos, antes mais pobres de experiências partilháveis? Aquilo que, dez anos mais tarde, veio inundar a literatura sobre a guerra era tudo menos a experiência que passa de boca em boca. O que não é de estranhar, porque nunca as experiências foram desmentidas de forma mais radical do que as estratégicas pela guerra

---

A par das pequenas antologias das editoras Musarion e Georg Müller, destaca-se a edição em nove volumes da editora C. H. Beck. (N.A.)
As edições referidas são as seguintes: *Der stählerne Floh* [A pulga de aço]. Munique, Musarion, 1921; *Der versiegelte Engel und andere Geschichten* [O anjo selado e outras histórias]. Munique, Musarion, 1922; *Der unsterbliche Golowan und andere Geschichten* [Golowan, o imortal, e outras histórias]. Munique, Musarion, 1923; *Ausgewählte Novellen* [Novelas escolhidas], 3 vols.. Munique, Georg Müller, 1923; *Gesammelte Werke in neun Bänden* [Obras reunidas em 9 volumes]. Munique, Beck, 1924-1929. (N.T.)

de trincheiras, as econômicas pela inflação, as físicas pela guerra das armas pesadas, as morais pelos detentores do poder. Uma geração que ainda tinha ido para a escola no carro puxado a cavalos viu-se desprotegida, numa paisagem em que nada mais era o mesmo, a não ser as nuvens e, debaixo delas, num campo de forças dominado por energias destruidoras e explosões, o minúsculo e frágil corpo humano.[144]

II

A experiência que anda de boca em boca é a fonte a que foram beber todos os contadores de histórias. E entre os que escreveram histórias, os grandes são aqueles cuja escrita menos se afasta do discurso dos muitos contadores de histórias anônimos. Estes últimos, por sua vez, dividem-se em dois grupos que, aliás, se interpenetram de várias maneiras. E a figura do contador de histórias só ganha o seu perfil completo para quem tiver presentes esses dois grupos. A voz do povo diz que "Quem faz uma viagem traz sempre muito que contar",[145] e imagina o contador de histórias como alguém que vem de muito longe. Mas não se escuta com menos agrado aquele que, ganhando a vida honestamente, ficou na sua terra e conhece as suas histórias e tradições. Se quisermos imaginar esses dois grupos e os seus representantes mais arcaicos, reconheceremos que um deles é o camponês e o outro o marinheiro que se dedica ao comércio. E na verdade essas duas esferas de experiência produziram, de certo modo, as suas linhagens próprias de contadores de histórias, e cada uma delas preserva ainda, séculos mais tarde, algumas das suas características. Assim, entre os narradores alemães mais recentes, Hebel e Gotthelf provêm da primeira linha, enquanto Sealsfield e Gerstäcker se inserem na segunda.[146] Mas, em ambas as linhagens, trata-se sempre,

---

[144] Este parágrafo corresponde, em forma ligeiramente modificada, a um outro do texto "Experiência e indigência", incluído em *O anjo da história* (Autêntica, 2012). (N.T.)

[145] A origem desse ditado encontra-se no poema de Matthias Claudius (1740-1815) "Urians Reise um die Welt" [Uriano e a sua volta ao mundo], incluído na coletânea *Wandsbecker Bote* [O mensageiro de Wandsbeck], de 1786. (N.T.)

[146] *Johann Peter Hebel* (1760-1820), sobre quem Benjamin escreve vários textos, é ainda hoje um autor de referência para um "contador de histórias" tão singular como W. G. Sebald (veja-se *O caminhante solitário*. Lisboa, Teorema, 2009); *Jeremias*

como se disse, de tipos fundamentais. A extensão real do mundo das narrativas em toda a sua amplitude histórica é impensável sem uma íntima interpenetração desses dois tipos arcaicos. Uma tal fusão é a que podemos constatar em especial na Idade Média, com o seu sistema corporativo. O mestre sedentário e os aprendizes viandantes trabalhavam na mesma oficina; e todos os mestres tinham feito as suas andanças antes de se fixarem na sua terra ou em terra estranha. Se os camponeses e os marinheiros eram mestres da arte de narrar, as corporações artesanais foram a sua alta escola. Nelas se encontravam o saber de lugares distantes, trazido para casa pelos viajantes, e o saber do passado que o sedentário dominava.

III

Leskov conhece tanto as distâncias do espaço como as do tempo. Pertenceu à Igreja ortodoxa grega, e era um homem de sinceras convicções religiosas. Mas ao mesmo tempo foi um opositor decidido da burocracia eclesiástica. E como também não se entendia com o funcionalismo secular, os cargos públicos que exerceu nunca duraram muito. O lugar que mais terá favorecido a sua produção literária terá sido o de representante russo de uma grande firma inglesa. Ao serviço dessa firma viajou por toda a Rússia, e essas viagens proporcionaram-lhe quer um saber do mundo, quer um conhecimento da situação do seu país. Desse modo pôde conhecer bem as seitas da Rússia, o que deixou marcas nas suas histórias. Leskov descobre nas lendas russas aliados para a sua luta contra a burocracia da Igreja ortodoxa. Deixou uma série de histórias lendárias em cujo centro encontramos o tipo do homem justo, raramente um asceta, as mais das vezes um homem simples e ativo capaz de se transformar em santo da forma mais natural. Leskov não é dado a arrebatamentos místicos. Ainda que por vezes se deixasse arrastar pelo maravilhoso, a sua religiosidade

---

Gotthelf (1797-1854) é o nome literário do autor suíço Albert Bitzius, contador de histórias fantásticas como *Die schwarze Spinne* (*A aranha negra*, trad. portuguesa de Elviro da Rocha Gomes, Porto Editora, s.d.); *Charles Sealsfield* (1783-1864) é o nome literário adotado pelo austríaco Carl Anton Postl, que emigrou para os Estados Unidos; *Friedrich Gerstäcker* (1816-1872) nasceu em Hamburgo e foi um escritor de viagens, com várias deslocações aos Estados Unidos, América do Sul, Taiti e Austrália, e uma lista infindável de obras nascidas dessas viagens. (N.T.)

privilegia o sólido e natural. O seu ideal é o do homem capaz de se orientar neste mundo, sem se envolver demasiado com ele. E essa era também a sua atitude no âmbito secular, o que explica bem o fato de ter começado a escrever relativamente tarde, com vinte e nove anos, depois das suas viagens de negócios. A sua primeira obra publicada intitula-se *Por que são os livros tão caros em Kiev?* E segue-se uma série de outros escritos sobre as classes trabalhadoras, o alcoolismo, os médicos da polícia ou os caixeiros-viajantes sem emprego, como antecessores das obras narrativas.

IV

A orientação para assuntos de natureza prática é um traço característico de muitos contadores de histórias natos. Podemos encontrá-la de forma mais evidente do que em Leskov, por exemplo, num Gotthelf, que dava aos seus camponeses conselhos sobre agricultura; ou em Nodier,[147] que se ocupou dos perigos da iluminação a gás; e nesta série cabe também Hebel, que dava aos seus leitores pequenas instruções sobre ciências da natureza no seu "Cofrezinho dos tesouros".[148] Tudo isso remete para a natureza de uma autêntica prática de contar histórias. De forma aberta ou escondida, essa prática traz sempre consigo alguma utilidade. Essa utilidade tanto pode estar num princípio moral como numa indicação de ordem prática ou num provérbio, numa regra de vida – em qualquer caso, o contador de histórias é um homem que sabe dar conselhos aos seus ouvintes. Mas se "dar conselhos" começa hoje a soar antiquado, a culpa é de uma situação em que a experiência se foi tornando cada vez menos comunicável. A consequência é a nossa impossibilidade de dar conselhos, quer a nós próprios, quer aos outros. Um conselho é menos resposta a uma pergunta do que uma sugestão que tem a ver com a continuação de uma história que está se desenrolando. Para aceitar um conselho deveríamos, em primeiro lugar, ser capazes de contar essa história (isto, para não falarmos de que alguém só estará receptivo a um conselho se

---

[147] *Charles Nodier* (1780-1844): acadêmico e escritor romântico francês. (N.T.)

[148] Em alemão *Schatzkästlein*, em alusão ao título da coletânea de histórias e crônicas *Schatzkästlein des rheinischen Hausfreundes*, publicadas originalmente entre 1803 e 1811 num almanaque editado por Hebel. (N.T.)

for capaz de expor a sua situação em palavras). O conselho, entretecido na matéria de uma vida vivida, é sabedoria. A arte de contar histórias está chegando ao fim porque o lado épico da verdade, a sabedoria, está desaparecendo. Mas esse é um processo que já vem de longe. E nada de mais descabido do que querer ver nele um "sintoma de decadência" ou, pior ainda, de decadência "moderna". Pelo contrário, trata-se apenas de um sintoma que surge concomitantemente a forças produtivas históricas e seculares que arrancaram progressivamente tais narrativas do espaço do discurso falado, conferindo simultaneamente uma nova beleza àquilo que vai desaparecendo.

V

O primeiro indício de um processo que culminará com a decadência da arte de narrar é o advento do romance no início da era moderna. O que distingue o romance da história tradicional (e da épica no sentido mais restrito) é o fato de não poder prescindir do livro. A difusão do romance só se torna possível com a invenção da imprensa. A tradição oral, o patrimônio da épica, tem uma natureza diferente da matéria do romance. O que distingue o romance de todas as outras formas da prosa – o conto de fadas, as lendas e mesmo a novela – é o fato de ele não provir da tradição oral nem ser assimilado por ela. Mas a distinção maior é em relação à arte de contar histórias. O contador de histórias vai buscar a sua matéria à experiência, a própria ou as que lhe foram relatadas. E volta a transformar essa matéria em experiência daqueles que o ouvem contar. O romancista isolou-se. O lugar de nascimento do romance está no indivíduo e na sua solidão, naquele que já não é capaz de falar de forma exemplar das suas necessidades essenciais, que não pode dar conselhos porque ele próprio não os recebe. Escrever um romance é representar a vida humana levando ao extremo o incomensurável. No meio da plenitude da vida, e representando essa plenitude, o romance testemunha a profunda desorientação dos vivos. O primeiro grande livro desse gênero, o *Dom Quixote*, mostra desde logo como a grandeza de alma, a audácia, a generosidade de uma pessoa nobilíssima – precisamente Dom Quixote – se veem sem orientação nem conselho, e não contêm a mínima centelha de sabedoria. E se ao longo dos séculos se procurou, por vezes, introduzir ensinamentos no romance (o exemplo mais evidente será o romance de Goethe *Os anos de peregrinação de Wilhelm Meister*), o que acontece é que tais tentativas resultam sempre em modificações da própria forma do romance. Já o romance de formação não se afasta de modo nenhum da estrutura básica do romance. Integrando o processo de vida social na evolução de um indivíduo, justifica da forma mais frágil que se possa imaginar as leis que determinam tal processo. A legitimação dessas leis não se ajusta bem à sua realidade. O inalcançável acontece[149] precisamente no romance de formação.

VI

Temos de imaginar que a transformação das formas épicas se processou a um ritmo comparável ao das transformações da superfície da Terra ao longo de milênios. Poucas outras formas da comunicação humana se constituíram ou se perderam mais lentamente. O romance, cujos começos remontam à Antiguidade, teve de esperar centenas de anos até encontrar na burguesia ascendente os elementos que o levaram à sua época de ouro. A afirmação desses elementos levou a um progressivo retrocesso das antigas narrativas para a esfera do arcaico; é certo que estas se serviram de formas diversas dos novos conteúdos, mas de fato o seu caráter não era determinado por eles. Por outro lado, é possível reconhecer que, quando a burguesia alcança o seu apogeu – e um dos seus instrumentos mais importantes, na fase do capitalismo avançado, foi a imprensa –, surge uma forma de comunicação que, por mais remota que seja a sua origem, nunca antes havia influenciado de modo determinante as formas épicas. Mas agora é isso que acontece. E torna-se evidente que ela será, mais do que o romance, estranha à antiga narrativa, e muito mais ameaçadora do que aquele, que, aliás, entrará por isso numa fase crítica. Esta nova forma de comunicação é a da informação.

Villemessant, o fundador do *Figaro*, condensou numa célebre fórmula a essência da informação: "Para os meus leitores" – costumava ele dizer – "é mais importante um incêndio numa mansarda do Quartier Latin do que uma revolução em Madrid". Ficamos sabendo, sem margem de dúvida, que aquilo que mais interessa ao público não é a notícia que vem de longe, mas a informação que me traz uma

---

[149] A frase cita duas linhas do "Coro místico" do final do *Fausto* de Goethe: *Das Unzulängliche / Hier wird's Ereignis*. (N.T.)

referência próxima. A matéria vinda de longe – quer se trate de um país distante no espaço, quer da tradição, distante no tempo – era portadora de uma autoridade que lhe conferia um valor próprio, ainda que não suscetível de controle. A informação, porém, tem a pretensão de ser imediatamente controlável. O que conta, em primeiro lugar, é ela ser, "em si mesma, compreensível". Muitas vezes ela não é mais exata do que foi a matéria vinda de séculos anteriores. Mas, enquanto esta gostava de recorrer ao maravilhoso, a informação não prescinde do seu estatuto de plausibilidade. E isso torna-a incompatível com o espírito da antiga narrativa. O progressivo recuo da arte de contar deve-se em grande parte ao avanço da informação.

Todas as manhãs somos informados sobre o que de novo acontece à superfície da Terra. E no entanto somos cada vez mais pobres de histórias de espanto. Isso se deve ao fato de nenhum acontecimento chegar até nós sem estar já impregnado de uma série de explicações. Em outras palavras: quase nada do que acontece tem utilidade para a narrativa, praticamente tudo serve antes a informação. Na verdade, já é meio caminho andado na arte da narração conseguir contar uma história sem necessidade de explicações. E Leskov é mestre nessa arte (vejam-se histórias como "A fraude" ou "A águia branca"). O que é da ordem do extraordinário e do maravilhoso é narrado com a maior precisão, mas não se sobrecarrega o leitor com o contexto psicológico do que vai acontecendo. Este tem a liberdade de ler os fatos tal como os entende, e assim a matéria narrada alcança uma amplitude vibratória que falta totalmente à informação.

VII[150]

Leskov aprendeu na escola dos Antigos. O primeiro contador de histórias entre os Gregos foi Heródoto. No décimo quarto capítulo do terceiro livro das suas *Histórias* encontramos uma história com a qual podemos aprender muito. Trata do rei Psamênite. Quando o rei dos egípcios, Psamênite, foi vencido e feito prisioneiro pelo rei dos Persas, Cambises, este fez questão de humilhar o seu prisioneiro. Deu ordens para que expusessem Psamênite na estrada pela qual iria passar o cortejo

---

[150] Esta parte, e o final da anterior, aparecem já, ligeiramente modificadas, no volume *Imagens de pensamento*, p. 130-131 (Autêntica, 2013). (N.T.).

triunfal dos Persas. E organizou ainda as coisas de modo a que o prisioneiro visse passar a filha, agora na condição de serva, com o cântaro para ir à fonte. Enquanto todos os egípcios se lamentavam e clamavam perante esse espetáculo, Psamênite permaneceu calado e impassível, de olhos postos no chão; e pouco depois, ao ver passar o filho, arrastado na fileira dos que iam ser executados, manteve-se também impassível. Mas, ao se deparar com um dos seus criados, um homem velho e pobre, no meio dos prisioneiros, começou a bater com os punhos na cabeça, dando sinais da mais profunda tristeza.

Por essa história se pode ver como deve ser a autêntica arte de narrar. A informação esgotou o que valia no momento em que foi novidade. Vive apenas nesse momento. Tem de se lhe entregar por completo, e explicar-se perante ele, sem perda de tempo. Outra coisa é o que se passa com a arte de narrar: não se esgota. Mantém a sua força concentrada no seu interior, e é suscetível de desenvolvimentos muito tempo depois. Assim, Montaigne lembrou a história do rei egípcio e perguntou-se: por que razão se lamenta ele ao ver o criado, e não antes? E responde: "Como estava já transbordando de tristeza, uma gota mais bastou para rebentar os diques". É assim que Montaigne entende a história.[151] Mas também se poderia dizer: "O rei não se sente tocado pelo destino dos que são de estirpe régia, porque esse é o seu próprio destino". Ou então: "No palco, somos tocados por muita coisa que na vida nos deixa insensíveis; esse criado é apenas um ator para o rei". Ou ainda: "A grande dor acumula, e só irrompe quando desaparece o estado de tensão. Esse momento deu-se com o aparecimento do criado". – Heródoto não perde uma palavra para explicá-la. O seu relato é o mais seco possível. É por isso que essa história do antigo Egito ainda consegue, milênios mais tarde, despertar em nós espanto e reflexão. É como as sementes que ficaram durante milênios hermeticamente fechadas nas câmaras funerárias das pirâmides e conservaram até hoje o poder de germinar.

VIII

Nada recomenda durante mais tempo as histórias à nossa memória do que essa sobriedade neutra que as subtrai à análise psicológica.

---

[151] Cf. Montaigne, *Éssais*, Livro primeiro, cap. II. (N.T.)

E quanto mais o narrador for capaz de renunciar naturalmente aos efeitos psicológicos, tanto mais facilmente a sua história encontrará lugar na memória dos ouvintes, tanto melhor ela será assimilada à sua experiência pessoal e tanto mais eles sentirão necessidade de, mais cedo ou mais tarde, transmitindo a outros. Esse processo de assimilação, que acontece no mais íntimo de cada um, exige uma disposição livre de tensões, algo que se torna cada vez mais raro. Se o sono é o ponto culminante do relaxamento do corpo, a disponibilidade (*Langeweile*[152]) corresponde a esse ponto no plano mental. A disponibilidade é o pássaro onírico que choca o ovo da experiência. O sussurrar da folhagem na floresta espanta-o. Os seus ninhos – aquelas atividades que mais intimamente se adequam a essa disposição de quem sabe usar o tempo – já desapareceram das cidades, e estão em vias de desaparecer no campo. E com isso perde-se o dom de saber ouvir, e desaparece a comunidade dos que sabem ouvir. Contar histórias é sempre a arte de continuar a contá-las, e esta se perde quando as histórias não são preservadas. Perde-se porque já não se tecem nem se fiam os fios do tempo necessário para ouvi-las. Quanto mais os ouvintes se esquecem de si, tanto mais fundo permanece neles o que ouviram. Quando deles se apodera o ritmo do trabalho, escutam as histórias de tal modo que adquirem naturalmente o dom de voltar a contá-las. E assim se tecem as malhas que acolhem esse dom de contar. Malhas que hoje em dia deslaçam em todos os cantos, depois de, há milênios, terem sido tecidas no seio das mais antigas formas do trabalho manual.

IX

A arte de narrar, que prospera por muito tempo no âmbito do trabalho das mãos – nos campos, nos mares e depois nas cidades –, é ela mesma uma espécie de forma artesanal da comunicação. O importante para ela não é transmitir o puro "em si" da matéria, como se se tratasse de uma informação ou de um relatório. Faz descer a matéria à vida de quem conta, para fazê-la emergir de novo a partir

---

[152] O termo alemão *Langeweile* é normalmente traduzido por "tédio". Aqui, porém, ele não tem as conotações geralmente negativas desse termo, e por isso prefiro traduzi-lo no sentido (positivo) de disponibilidade mental, a arte de saber usar o tempo, o saber da espera. (N.T.)

dele. Desse modo, a marca própria de quem conta é detectável na história narrada, tal como a marca do oleiro no vaso de barro. Os contadores de histórias gostam de iniciar a narrativa dando conta das circunstâncias em que eles próprios passaram pela experiência do que vão contar, quando não apresentam pura e simplesmente a história como fazendo parte da sua experiência pessoal. Leskov abre o conto "A fraude" com a descrição de uma viagem de trem em que ouviu de um companheiro de viagem os fatos que depois vai narrar; ou então pensa no enterro de Dostoiévski como a ocasião em que trava conhecimento com a heroína do conto "Sonata a Kreutzer"; noutro caso evoca uma comunidade de leitores no âmbito da qual foram discutidos os acontecimentos que relata em "Homens interessantes". Desse modo, as marcas pessoais são diversamente postas à vista na matéria narrada, se não como as de quem a viveu, pelo menos como as de alguém que relata essa matéria.

O próprio Leskov, aliás, sentia como trabalho artesanal essa arte de narrar. Numa das suas cartas lemos: "O ofício da escrita não é para mim uma arte livre, mas um trabalho artesanal". Não é de estranhar, por isso, que ele sentisse uma grande afinidade com o trabalho manual, enquanto a técnica industrial lhe era completamente estranha. Tolstói, que naturalmente compreendia muito bem essa posição, toca de vez em quando nesse nervo do dom de contador de Leskov, ao referir-se a ele como o primeiro "que chamou a atenção para a insuficiência do progresso econômico... É estranho, como se lê tanto Dostoiévski..., e não consigo compreender por que razão Leskov não é lido, quando se trata de um escritor que persegue a verdade".[153] Na sua história maliciosa e bem-humorada "A pulga de aço", que se situa entre os gêneros da lenda e da farsa burlesca, Leskov glorifica os artesãos russos na figura dos ourives de Tula. A sua obra-prima, a pulga de aço, chega ao conhecimento de Pedro, o Grande, e convence-o de que os Russos não devem temer o confronto com os Ingleses.

A imagem espiritual dessa esfera artesanal, de onde nasce a narrativa tradicional, talvez nunca tenha sido descrita de forma tão

---

[153] Carta de Tolstói a Anatoly Faresov, de 1898. Benjamin cita a partir da edição alemã das obras de Leskov, referida atrás, na nota 141. (N.T.)

significativa como num texto de Paul Valéry.[154] Aí, fala das coisas perfeitas da natureza, pérolas sem mácula, vinhos cheios e maduros, criaturas acabadas, e chama-lhes "a mais preciosa obra de uma longa cadeia de causas que se assemelham". Mas a acumulação de tais causas tem os seus limites temporais apenas na perfeição. "Esse processo paciente da natureza", prossegue Valéry, "foi outrora imitado pelos seres humanos. Miniaturas, peças de marfim entalhadas com perfeição extrema, pedras polidas e belamente gravadas, trabalhos em esmalte ou pintura em que uma série de camadas transparentes se sobrepõem... – todos esses produtos de um esforço persistente e generoso estão em vias de desaparecer, e passaram os tempos em que o tempo não contava. O homem de hoje já não trabalha em nada que não possa ser feito em pouco tempo". Na verdade, até as histórias ele conseguiu encurtar. Assistimos já à ascensão da *short story*, que se afastou da tradição oral e já não permite aquela lenta sobreposição de camadas finas e transparentes, a mais exata imagem do modo como a narração perfeita se vai configurando a partir das camadas de sucessivas transmissões.

X

Valéry conclui a sua reflexão com a seguinte frase: "Dir-se-ia que o recuo da ideia de eternidade no espírito das pessoas coincide com a sua rejeição do trabalho de longa duração". Desde sempre a ideia de eternidade teve na morte a sua mais importante fonte. Daqui concluímos que quando essa ideia desaparece o rosto da morte se transforma. E isso mostra como essa transformação é a mesma que reduziu a possibilidade de comunicação da experiência à medida que ia chegando ao fim a arte de contar.

Há séculos que é possível constatar como a ideia da morte foi perdendo na consciência coletiva a sua onipresença e força plástica. E as últimas etapas aceleraram esse processo. No decorrer do século XIX, a sociedade burguesa operou, com as suas instituições higiênicas e sociais, privadas e públicas, um efeito secundário que talvez tenha correspondido à sua finalidade última e inconsciente: dar às pessoas

---

[154] As citações de Valéry que se seguem provêm do texto intitulado "Les broderies de Marie Monnier" [Os bordados de Marie Monnier] (1924), in: *Oeuvres* II. Ed. de Jean Hytier. Paris, 1960, p. 1244. (N.T.)

a possibilidade de se furtarem ao confronto com os que morrem. A morte, em tempos um acontecimento público na vida dos indivíduos, e de natureza exemplar – pense-se nos quadros da Idade Média em que o leito de morte se transforma num trono para o qual acorre o povo através das portas abertas da casa do moribundo –, a morte vai-se retirando progressivamente, e cada vez mais, do olhar dos vivos no decurso da Idade Moderna. Antes, não havia casa, nem quarto, onde não já tivesse morrido alguém (a Idade Média sentia também no âmbito espacial aquilo que uma inscrição num relógio de sol em Ibiza tornava evidente em termos de vivência temporal: *Ultima multis*[155]). Hoje, as classes burguesas vivem em espaços que mantêm livres da morte, habitantes seguros da eternidade; e quando vem chegando a sua hora, são mandados pelos herdeiros para sanatórios e hospitais, onde se vão acumulando. Ora, acontece que não são apenas o saber ou a sabedoria dos homens, mas sobretudo a sua vida vivida (e é essa a matéria de que se fazem as histórias) que ganha forma transmissível precisamente naquele que morre. Do mesmo modo que, no interior da pessoa humana, o fim da vida põe em movimento uma série de imagens – visões de si própria com as quais se encontrou sem se dar conta –, assim também, subitamente, aquilo que é inesquecível se manifesta nos seus gestos e olhares, conferindo a tudo o que lhe diz respeito aquela autoridade que até o mais desgraçado ladrão tem, na hora da morte, em relação aos vivos que o rodeiam. Na origem da matéria das histórias está essa autoridade.

XI

A morte é a sanção de tudo aquilo que o contador de histórias pode narrar. À morte foi ele buscar a sua autoridade. Em outras palavras: as suas histórias reenviam-nos para a história da natureza. E isso ganhou expressão exemplar numa das histórias que nos deixou o incomparável Johann Peter Hebel. Está na coletânea *Schatzkästlein des rheinischen Hausfreundes*,[156] tem o título "Unverhofftes Wiedersehen"

---

[155] *Ultima multis*: "a última [hora] para muitos". A frase antiga completa, que se encontra frequentemente em inscrições de relógios públicos, diz: *Dubia omnibus, ultima multis* ("Incerta para todos, e a última para muitos"). (N.T.)

[156] [*A caixinha do tesouro do amigo de família do Reno.*] Vd., antes, a nota 146. (N.T.)

[Reencontro inesperado], e começa com o noivado de um rapaz que trabalha nas minas de Falun. Nas vésperas do casamento é surpreendido pela morte no fundo da galeria. A noiva permanece-lhe fiel e vive o suficiente para um dia, já muito velhinha, assistir à descoberta e recuperação de um cadáver numa galeria esquecida, que uma camada de sulfato de ferro preservou da decomposição. E nele reconhece o seu noivo. Depois desse reencontro, também a ela a morte veio buscar. Perante a necessidade, no decurso da narrativa, de dar conta dos muitos anos passados, Hebel fê-lo apenas com as frases seguintes: "Entretanto, a cidade de Lisboa, em Portugal, foi arrasada por um terremoto e terminou a Guerra dos Sete Anos, e morreu o imperador Francisco I, e a Ordem dos Jesuítas foi extinta e a Polônia dividida, e a imperatriz Maria Teresa morreu, e o conde de Struensee foi executado, a América ganhou a independência, e as forças reunidas de França e Espanha não conseguiram conquistar Gibraltar. Os Turcos encerraram o general Stein numa gruta na Hungria, e morreu também o imperador Francisco José. O rei Gustavo da Suécia conquistou a Finlândia aos Russos, e começou a Revolução Francesa e a longa guerra, e também o imperador Leopoldo II desceu à campa. Napoleão conquistou a Prússia, e os Ingleses bombardearam Copenhagen, e os camponeses semearam e colheram. O moleiro moeu farinha e os ferreiros continuaram a martelar o ferro, e os mineiros a cavar para encontrar os veios do metal nas suas oficinas subterrâneas. Mas quando os mineiros de Falun, no ano de 1809...". Nunca antes de Hebel um contador de histórias fundou dessa maneira a sua narrativa na história da natureza, como ele o faz nessa cronologia. Se lermos com atenção, vemos que a morte surge nela a um ritmo tão regular como o homem da gadanha[157] nas procissões que, à hora do meio-dia, circulam em volta do relógio das catedrais.

XII

Toda pesquisa que se ocupe de uma qualquer forma épica terá necessariamente de levar em conta a sua relação com a historiografia. Podemos até ir mais longe e perguntar se a historiografia não representa

---

[157] "O homem da gadanha" (foice) corresponde à figura da Morte nas representações medievais, e que se mantiveram até hoje. (N.T.)

mesmo o ponto da indiferença criadora entre todas as formas épicas. Nesse caso, a história escrita estaria para a épica tal como a luz branca está para as cores do espectro.[158] Seja como for, não existe entre todas as formas da épica uma única cuja aparição entre a luz pura e incolor da história escrita seja menos questionável do que a crônica. E na ampla gama de cores da crônica as gradações possíveis do contar de uma história multiplicam-se como os matizes de uma única cor. O cronista é o contador da história. Lembremos a passagem de Hebel, toda ela repassada do tom da crônica, para constatarmos sem dificuldade a distância que medeia entre aquele que escreve a história, o historiador, e aquele que a conta, o cronista. O historiador está obrigado a explicar, de uma maneira ou de outra, os acontecimentos de que se ocupa, e de modo nenhum se pode limitar a mostrá-los como casos exemplares do curso do mundo. Mas é precisamente isso que faz o cronista, de forma mais evidente no seu clássico representante, o cronista medieval, antecessor dos modernos historiadores. O primeiro, ao colocar a sua narrativa da história sob a égide do plano salvífico divino, que é insondável, furta-se desde logo ao peso da explicação documental. Em seu lugar surge a exegese, que não tem de se ater a um encadeamento rigoroso de determinados acontecimentos, mas apenas os insere no grande plano insondável do curso do mundo.

Para esse efeito, não importa saber se esse curso do mundo encontra a sua determinação na história salvífica ou na natureza. O cronista continua-se no contador de histórias, agora sob outra forma, que se podia dizer secularizada. Leskov é, entre eles, aquele cuja obra melhor dá testemunho desse fato. O cronista, com a sua orientação salvífica, o contador de histórias, com o seu olhar profano, participam ambos de tal maneira dessa obra que em algumas histórias se torna difícil dizer se o pano de fundo sobre o qual elas se constroem corresponde a uma visão do mundo e das coisas vistos à luz dourada da religião, ou em função do colorido variegado do mundo. Lembremos o conto "A Alexandrite", que "leva o leitor para aqueles tempos em

---

[158] Há paralelos e ecos dessa ideia em alguns dos fragmentos preparatórios das Teses "Sobre o conceito da História": vd., nesta série, o volume *O anjo da história*, e, na parte do Comentário, os fragmentos "Novas teses H", "Novas teses K" e "A imagem dialética". (N.T.)

que ainda as pedras no seio da terra e os planetas nas alturas do céu se preocupavam com o destino dos seres humanos, tempos diferentes dos de hoje, em que tanto nos céus como sob a terra tudo se tornou indiferente ao destino dos filhos do homem, e de lugar nenhum chega até eles uma voz, ou alguma coisa lhes obedece. Todos os novos planetas descobertos deixaram de desempenhar qualquer papel nos horóscopos, e existem também muitas pedras novas, todas medidas e pesadas e testadas no seu peso específico e na sua densidade, mas que já não nos anunciam nada e de nada nos servem. Passou o seu tempo de falar com os homens".

Como se vê, é muito difícil caracterizar claramente o curso do mundo tal como o ilustra essa história de Leskov. A sua determinação é salvífica ou natural? Certa é apenas uma coisa: que ele, precisamente porque é o curso do mundo, está fora de todas as categorias propriamente históricas. A época em que o ser humano podia acreditar que estava em sintonia com a natureza, diz Leskov, já terminou. Schiller chamava a este tempo do mundo a época da poesia ingênua.[159] O contador de histórias permanece-lhe fiel, e o seu olhar não se desvia daquele mostrador de relógio diante do qual circula a procissão das criaturas em que, dependendo do ponto de vista, a morte aparece como guia ou então como último pobre-diabo atrasado.

XIII

Raramente se reparou como a relação ingênua do ouvinte com o contador é dominada pelo interesse em guardar na memória o que se ouviu. O decisivo para o ouvinte ingênuo é assegurar a possibilidade da repetição. A memória é, entre todas, a faculdade épica por excelência. Só devido a uma memória alargada a épica pode apropriar-se, por um lado, do desenrolar das coisas e, por outro, aceitar o seu desaparecimento, o poder da morte. Por isso não admira que para um homem simples do povo, como Leskov um dia o imaginou, o czar, que é a cabeça do mundo, onde as suas histórias têm lugar, disponha da mais ampla de todas as memórias. "O nosso czar, e toda a sua família, têm de fato uma espantosa memória", lê-se nessa história.

---

[159] No ensaio de 1795 "Sobre poesia ingênua e sentimental". Tradução brasileira: *Poesia ingênua e sentimental*, São Paulo: Iluminuras, 1991. (N.T.)

Mnemosina, aquela que recorda, era entre os gregos a musa da forma épica. Esse nome leva o observador de volta a uma encruzilhada histórica. Na verdade, se aquilo que a recordação registra – a historiografia – representa a indiferença criadora das várias formas épicas (tal como a grande prosa representa a indiferença criadora entre as diversas medidas do verso), então a sua forma mais antiga, a epopeia, integra por uma espécie de indiferença a narração e o romance. Quando mais tarde, no decorrer dos séculos, o romance começou a emancipar-se da epopeia, ficou claro que nele o elemento artístico do épico, ligado à musa – a recordação –, se manifesta de forma muito diferente da narração.

A *recordação* funda a cadeia da tradição que transmite o acontecido de geração em geração. É ela o elemento artístico da épica em sentido amplo. E engloba as variantes artísticas da épica, entre as quais encontramos, à cabeça, aquela que o contador de histórias representa. É ela que funda a rede constituída, finalmente, por todas as histórias. Uma liga-se à outra, como sempre gostaram de mostrar os grandes contadores, em especial os orientais. Em cada um deles vive uma Sherazade, a quem ocorre uma nova história a propósito de cada passagem das suas histórias. Estamos perante uma *memória* épica, e o lado artístico da narração. Mas a este temos de opor um outro princípio, também ele artístico em sentido específico, que no romance, e no início, ou seja, na epopeia, ainda se não distingue do da novela. Quando muito, é possível intuí-lo nas epopeias, sobretudo nas passagens mais solenes da epopeia homérica, como a evocação das Musas no início. O que se anuncia nessas passagens é a memória imortalizadora do romancista, por contraste com a mais efêmera do contador de histórias. A primeira é dedicada a *um* herói, a *uma* deriva ou a *um* combate; a segunda aos *muitos* acontecimentos dispersos. Em outras palavras, é a *rememoração* [*Eingedenken*], que, como lado artístico do romance, se junta à memória, ao lado artístico da narração, depois de, com a decadência da epopeia, a unidade das suas origens se ter cindido na recordação.

XIV

"Ninguém", diz Pascal, "morre tão pobre que não deixe alguma coisa". Certamente também recordações – mas acontece que estas nem sempre encontram herdeiros. É o romancista quem recebe essa herança, e raras vezes sem melancolia. Como acontece num romance de

Arnold Bennett, em que da morta se diz que "a vida real não lhe deu praticamente nada"; o mesmo se passa geralmente com a totalidade da herança que o romancista recebe. Sobre esse aspecto do problema devemos a Georg Lukács um dos mais elucidativos comentários, quando ele vê no romance "a forma transcendental da ausência de pátria". Ao mesmo tempo, ainda segundo Lukács, o romance é a única forma que acolhe o tempo entre os seus princípios constitutivos. Na *Teoria do romance* diz-se que "o tempo só pode tornar-se constitutivo quando cessa a ligação a uma pátria transcendental. Só no romance se separam o sentido e a vida, portanto, a essência e a temporalidade. Quase se poderia dizer que toda a ação interior do romance mais não é do que uma luta contra as forças do tempo... E dessa luta nascem as autênticas vivências épicas do tempo: a esperança e a recordação. Só no romance encontramos uma forma de recordação criadora capaz de se ajustar ao objeto e de transformá-lo. O dualismo constituído por interioridade e vida exterior só pode aí ser superado, para o sujeito, se este apreender a unidade de toda a sua vida... a partir do rio da vida passada, cujo fluxo é condensado pela recordação... A visão que apreende essa unidade torna-se pressentimento e apreensão intuitiva de um sentido não alcançado, e por isso inefável, da vida".[160]

"O sentido da vida" é, de fato, o centro em torno do qual gravita o romance. Mas a pergunta sobre esse sentido não é mais do que a expressão da perplexidade com que o leitor desde logo se vê confrontado e introduzido nessa vida escrita. De um lado "o sentido da vida", do outro "a moral da história": são esses os lemas que opõem o romance e a narrativa tradicional, e com eles podemos reconstituir o lugar histórico, completamente divergente, dessas duas formas artísticas. Se o mais antigo modelo perfeito do romance é o *Dom Quixote*, o mais recente talvez seja *A educação sentimental*. Nas últimas palavras deste romance ficou depositado, como fermento no fundo da taça da vida, o sentido que se revelou à época burguesa e aos seus modos de vida no dealbar da sua decadência. Frédéric e Deslauriers, amigos de juventude, relembram

---

[160] A edição original do livro de Lukács utilizada por Benjamin é: *Die Theorie des Romans. Ein geschichsphilosophischer Versuch über die Formen der großen Epik*. Berlim, 1920, p. 127 e 129, 131, 136, 138. Existe uma tradução brasileira de José Marcos Mariani de Macedo: A *teoria do romance*. São Paulo: Editora 34, 2000. (N.T.)

essa sua amizade juvenil. E uma pequena história que lhes aconteceu: um dia apresentaram-se, às escondidas e bastante amedrontados, no bordel da sua cidade natal, e mais não fizeram do que oferecer à *patronne* um ramo de flores que tinham colhido no jardim. "Três anos mais tarde, ainda falavam dessa história. E agora voltavam a contá-la em pormenor, e cada um completava as recordações do outro. 'Esse foi talvez', disse Frédéric quando terminaram, 'o mais belo momento das nossas vidas'. 'Sim, talvez tenhas razão', respondeu Deslauriers, 'esse pode ter sido o mais belo momento das nossas vidas'". Chegados a essa conclusão, chega também ao fim o romance. Um final que se lhe ajusta de um modo perfeito, como não poderia acontecer com nenhuma narrativa tradicional. De fato, não existe narrativa para a qual não faça sentido perguntar: E como é que a história continuou? Já o romance não pode esperar dar o menor passo para além desse limite, quando convida o leitor a escrever a palavra "Finis" ao pé da página, interiorizando assim a reflexão sobre o sentido da vida.

XV

Quem ouve contar uma história está em companhia do narrador; e até aquele que a lê partilha dessa comunidade. O leitor do romance, porém, está só. Muito mais do que qualquer outro leitor (porque mesmo quem lê um poema está predisposto a dar voz às palavras para transmiti-las ao ouvinte). Na sua solidão, o leitor de romances absorve a sua matéria de forma mais ciumenta do que qualquer outro. Está disposto a apropriar-se totalmente dela, de certo modo a devorá-la. Pode dizer-se que destrói e engole essa matéria como o fogo faz com as achas na lareira. A tensão que atravessa o romance é muito semelhante ao sopro de ar que atiça as chamas na lareira e as anima no seu jogo.

É um material seco, que alimenta o interesse ardente do leitor. E que quer isso dizer? "Um homem que morre com trinta e cinco anos", disse Moritz Heimann[161] um dia, "é, em todos os pontos da sua vida,

---

[161] A frase de Moritz Heimann é citada por Hugo von Hofmannsthal em *Buch der Freunde*, Leipzig, 1929, p. 13 (tradução portuguesa de José A. Palma Caetano: *Livro dos Amigos*. Lisboa: Assírio & Alvim, 2002, p. 30). *Moritz Heimann* (1868-1925) foi um escritor e jornalista alemão de origem judaica que trabalhou durante quase trinta anos numa das mais importantes editoras de então, a S. Fischer Verlag. (N.T.)

um homem que morre com trinta e cinco anos". Nada mais duvidoso do que essa frase. Simplesmente porque ela se engana no tempo verbal. Um homem – é esta a verdade que aqui se pretendia defender – que morreu aos trinta e cinco anos, apresentar-se-á, *para a rememoração*, em cada ponto da sua vida como um homem que morre aos trinta e cinco anos. Em outras palavras: a frase, que não faz sentido para a vida real, torna-se incontestável para a vida rememorada. Nada melhor do que essa frase pode resumir a essência da personagem de romance. O que ela diz é que o "sentido" da sua vida só se pode apreender a partir da sua morte. Ora, o leitor de romances procura precisamente figuras humanas das quais seja possível deduzir um "sentido de vida". Por isso, e aconteça o que acontecer, tem de possuir de antemão a certeza de que irá assistir à sua morte. Em último caso, a morte figurada: o final do romance. Mas melhor é sempre a morte real. E de que modo lhe dão esses personagens a conhecer que a morte já está à espera deles, e que essa é uma morte perfeitamente determinada, num lugar determinado da ação? É esta a questão que alimenta o impaciente interesse do leitor pelos acontecimentos do romance.

Assim, o romance não se torna significativo por nos apresentar, eventualmente de forma edificante, o destino de uma outra pessoa, mas sim porque esse destino estranho, por força da chama que o consome, nos passa parte do calor que o nosso próprio destino nunca nos concederá. O que leva o leitor para o romance é a esperança de aquecer a friagem da sua vida com uma morte que a leitura lhe traz.

XVI

"Leskov", escreve Gorki, "é o escritor mais profundamente enraizado no povo, livre de todas as influências estranhas". O grande contador de histórias terá sempre raízes no povo, acima de tudo nas camadas de artesãos. Como estas, porém, abarcam, nos diversos períodos da sua evolução econômica e técnica, o elemento camponês, o marítimo e o urbano, existe uma grande diversidade de conceitos nos quais se plasma, para nós hoje, todo o legado da sua experiência – para não falar do contributo nada desprezível dos comerciantes para a arte de narrar: o seu papel foi menos o de aumentar os conteúdos edificantes do que o de refinar os métodos astutos que permitem prender a atenção dos ouvintes, que deixaram profundos vestígios no círculo de influência das histórias das *Mil e uma noites*. Em suma, e independentemente da função elementar que a narração desempenha na economia do humano, são muito diversos os conceitos nos quais se podem subsumir os frutos colhidos nas narrativas do mundo. Aquilo que em Leskov se pode apreender facilmente a partir de conceitos religiosos, parece inserir-se naturalmente, no caso de Hebel, nas perspectivas pedagógicas do Iluminismo, surge em Poe sob a forma de tradições herméticas e encontra em Kipling um último refúgio no campo de ação de marinheiros e soldados coloniais britânicos. E a todos os grandes contadores de histórias é comum a agilidade com que sobem e descem os degraus da sua experiência como se de uma escada se tratasse. Uma escada que chega até o interior da Terra e se perde nas alturas das nuvens é a imagem de uma experiência coletiva para a qual nem o mais profundo choque da experiência individual, a morte, parece constituir impedimento ou barreira.

"E viveram felizes para sempre", dizem os contos de fadas. O conto de fadas, que ainda hoje é o primeiro conselheiro das crianças, porque em tempos foi o primeiro da humanidade, continua a viver secretamente nas narrativas tradicionais. O primeiro e mais autêntico contador de histórias continua a ser o dos contos de fadas. Quando um bom conselho tinha algum valor, o conto de fadas dispunha dele; e quando a aflição era grande, *ele* lá estava para oferecer ajuda. E essa aflição era a que o mito provocava. O conto de fadas dá testemunho dos mais antigos recursos da humanidade para sacudir o pesadelo que o mito sobre ela fazia cair. Na figura do tolo, mostra-nos como a humanidade "se faz de tola" para enfrentar o mito; na figura do irmão mais novo, mostra-nos como as suas oportunidades aumentam à medida que se afasta das origens míticas; na figura daquele que foi correr mundo para aprender o medo,[162] mostra-nos que podemos desmistificar as coisas que nos metem medo; na figura do esperto, mostra-nos como as perguntas do mito são simplistas, como já eram as da Esfinge; nas figuras dos animais que vêm em auxílio das crianças nos contos, que a natureza não se sujeita apenas ao mito, mas prefere juntar-se ao círculo dos humanos. A coisa mais sensata que se pode fazer – foi o que

---

[162] Alusão ao conto dos Irmãos Grimm *Von einem, der auszog, das Fürchten zu lernen*. (N.T.)

o conto de fadas ensinou à humanidade desde tempos imemoriais, e continua a ensinar hoje às crianças – é enfrentar as forças do mundo mítico com astúcia e altivez corajosa (o conto de fadas polariza assim a coragem de forma dialética, fazendo coexistir o aquém da coragem – a astúcia – e o além da coragem – a altivez). A magia libertadora que é apanágio do conto de fadas não faz entrar em jogo a natureza sob forma mítica; alude, pelo contrário, à sua cumplicidade com uma humanidade libertada. O homem maduro só por vezes sente essa cumplicidade, nomeadamente quando está feliz; a criança encontra-a primeiro no conto de fadas, e é esse encontro que a faz feliz.

XVII

Poucos contadores de histórias revelaram tão grande afinidade com o espírito do conto como Leskov. Isso se deve a tendências fomentadas pela dogmática da Igreja ortodoxa grega. Aí tem lugar de destaque, como se sabe, a especulação de Orígenes sobre a apocatástase[163] – a entrada de todas as almas no Paraíso –, que a Igreja romana repudia. Leskov foi muito influenciado por Orígenes, e tencionava traduzir a sua obra *Sobre os princípios*. Na linha das crenças populares russas, interpretava a ressurreição menos como uma transfiguração e mais como um desencantamento (num sentido próximo do conto de fadas). Essa leitura de Orígenes está na base do conto *O peregrino encantado*. Nessa história, como em tantas outras de Leskov, estamos perante um híbrido, entre o conto de fadas e a lenda, que tem algumas afinidades com aquele outro de que fala Ernst Bloch num contexto em que retoma, à sua maneira, a nossa distinção entre mito e conto de fadas. "Um híbrido entre o conto e a lenda", escreve Bloch, "é o elemento impropriamente mítico da lenda, um elemento mítico que tem um efeito certamente atraente e estático, sem com isso sair da esfera humana. Neste sentido, são 'míticas' nas lendas as figuras de recorte taoísta, sobretudo as mais velhas, como o par Filémon e Baucis[164]: saídas de um conto de fadas, mas repousando como na

---

[163] Cf. Orígenes, *Sobre os princípios* (Peri arkwn), III, I, 3. (N.T.)

[164] Este par mítico aparece na segunda parte do *Fausto* de Goethe (V Ato, vv. 11043 e segs.), representando aí esta ligação à natureza, frente ao processo da civilização que avança. (N.T.)

natureza. E há também nas personagens muito menos taoístas de Gotthelf[165] uma relação desse tipo, que por vezes vai buscar às lendas esse elemento local próprio do esconjuro, para salvar a luz da vida, própria do humano, ardendo serenamente dentro e fora".[166] "Saídos de um conto de fadas" são também os seres que abrem o cortejo das criaturas de Leskov: os justos, Pawlin, Figura, o artista das cabeleiras, o guarda dos ursos, a sentinela solícita. Todas elas, materializações da sabedoria, da bondade, da consolação do mundo, se reúnem em volta do contador de histórias. É indisfarçável a imagem da mãe que as impregna a todas. Leskov descreve-a nos seguintes termos: "Ela era tão bondosa que era incapaz de fazer mal fosse a quem fosse, nem sequer aos animais. Não comia nem carne nem peixe, porque sentia essa imensa compaixão para com os seres vivos. O meu pai por vezes censurava-a por isso, mas ela respondia: 'Se eu mesma criei os bichinhos como se fossem meus filhos, como posso eu comer os meus próprios filhos?'. E também na casa dos vizinhos não comia carne. E dizia. 'Eu vi-os vivos, conheço-os a todos. Como iria eu comer seres que conheço tão bem?'".[167]

O justo é o advogado da criatura, e ao mesmo tempo a sua suprema encarnação. Em Leskov, tem traços maternais que por vezes chegam a ser míticos (pondo com isso em perigo a pureza do conto). Um exemplo significativo é o da personagem principal do conto "Kotin, o Provedor de comida e Platônida". Essa figura, um camponês de seu nome Pisonski, é um hermafrodita. Durante doze anos, a mãe criou-o como uma moça; mas a sua parte masculina cresce em simultâneo com a feminina, e o seu hermafroditismo "converte-se em símbolo da encarnação humana do divino".

Para Leskov, essa figura representa o nível máximo a que a criatura pode aspirar, sendo ao mesmo tempo uma ponte entre este mundo terreno e o outro. De fato, essas figuras potentes e ctônicas,

---

[165] *Jeremias Gotthelf*: vd., atrás, a nota 146. (N.T.)

[166] O livro de Ernst Bloch de onde provêm as citações é *Erbschaft dieser Zeit* [Herança do nosso tempo]. Zurique, 1935, p. 127. (N.T.)

[167] N. Leskov, *Der unsterbliche Golowan und andere Geschichten* [Golowan, o imortal, e outros contos], trad. alemã de Alexander Eliasberg. Munique, 1923, p. 91. A mãe de quem aqui se fala não é, de fato, a de Leskov, mas a da sua personagem chamada Figura. (N.T.)

masculinas e maternais que tantas vezes tomam conta da arte da efabulação de Leskov, foram subtraídas ao império da pulsão sexual no apogeu da sua força. Mas isso não significa que elas encarnem um ideal ascético; pelo contrário, a castidade desses justos tem muito pouco de caráter privativo, de tal modo que se torna o contraponto elementar do desejo desbragado que o narrador personificou na figura de *Lady Macbeth de Mzensk*. Se o arco que vai de Pawlin a essa mulher de um comerciante abarca o mundo criatural, por outro lado Leskov terá lançado, com a hierarquia de todas as suas criações figurais, uma sonda até às profundezas desse mundo.

XVIII

A hierarquia do mundo criatural, que tem no justo o seu cume, desce também em sucessivas gradações até o abismo do mundo inanimado. A esse propósito, será conveniente levar em conta uma circunstância particular. Todo esse mundo criatural se torna, para Leskov, audível não na voz humana, mas antes naquilo que, recorrendo ao título de uma das suas mais significativas histórias, poderíamos chamar "A voz da natureza". Essa história trata do pequeno funcionário Filip Filipovich, que move céu e terra para poder receber e alojar em sua casa um marechal que irá passar pela sua terra. E consegue-o. O hóspede, que a princípio fica admirado com a insistência do funcionário, acabará por julgar ver nele alguém que em tempos já terá conhecido. Mas quem? Não consegue recordar-se. O mais estranho, porém, é que o seu anfitrião, por seu lado, não quer dar-se a conhecer. Pelo contrário, vai adiando e garantindo dia após dia àquela alta personalidade que soará a hora em que "a voz da natureza" não deixará de lhe falar claramente. E isso continua, até que o hóspede, pouco antes de seguir viagem, resolve autorizar o seu anfitrião (que publicamente o tinha solicitado) a fazer ouvir "a voz da natureza". Ao que a mulher do funcionário sai de casa, para "regressar com uma grande trompa de cobre, muito polida, e entregá-la ao marido. Este pegou no instrumento, levou-o aos lábios, e foi como se se transformasse nesse momento. Mal tinha enchido as bochechas de ar e soltado um som potente como trovão, e eis que o marechal exclama: 'Alto! Já sei, meu irmão, assim já te reconheço! És o músico do regimento de caçadores que eu um dia, reconhecendo a tua honestidade, encarreguei de vigiar o safado de um encarregado da manutenção'. – 'É isso mesmo, Excelência!', respondeu o anfitrião. 'Não quis ser eu a recordar-vos do caso, preferi deixar falar a voz da natureza'". O modo como o sentido profundo dessa história se esconde atrás do seu lado mais fútil dá-nos uma ideia do extraordinário humor de Leskov.

Esse humor manifesta-se na mesma história de uma forma ainda mais misteriosa. Já sabemos que o pequeno funcionário foi encarregado de vigiar o encarregado da manutenção devido à sua reconhecida honestidade. É o que ficamos sabendo no final, na cena do reconhecimento. Mas logo no início da história é-nos dito o seguinte sobre o anfitrião: "Todos os habitantes do lugar conheciam o homem e sabiam que ele não tinha nenhum posto de importância, já que não era nem funcionário do Estado nem militar, mas tão somente um humilde encarregado do depósito de provisões, onde, com as ratazanas, ia roendo as bolachas e as solas das botas do Estado... E com o tempo lá conseguiu construir, de tanto roer, uma bela casinha de madeira". Como se vê, nessa história sai ganhando a tradicional simpatia dos contadores de histórias para com os malandros e os vigaristas. Toda a literatura picaresca da tradição oral disso dá testemunho, ao recusar para si os píncaros da arte: um Hebel teve por companheiros mais fiéis os seus personagens mais pícaros, Frieder e Heiner, e o seu velho amigo Dieter, o Ruivo. E, no entanto, também para Hebel o papel principal no *theatrum mundi* cabe ao justo. Mas como ninguém está à altura de tal papel, ele passa de uns para outros. Umas vezes é o vagabundo, outras o judeu agiota, outras o idiota que se apresenta para desempenhar esse papel. E trata-se sempre de uma trupe convidada, de uma improvisação moral de circunstância. Hebel age de forma casuística. Nunca se solidariza com um único princípio, mas também não rejeita nenhum, pois cada um deles pode um dia tornar-se o instrumento do justo. Compare-se agora com a posição de Leskov: "Tenho plena consciência", escreve ele no conto "A propósito da Sonata a Kreutzer", "de que o fundamento dos meus pensamentos está muito mais numa visão prática da vida do que numa filosofia abstrata ou numa moral superior; mas não deixo por isso de pensar como penso". Quanto ao resto, as catástrofes morais que acontecem no mundo de Leskov estão para os incidentes morais do de Hebel como a imponente e silenciosa torrente do Volga para o pequeno riacho que desce tagarelando pela encosta até o moinho. Entre as narrativas históricas de Leskov há várias nas quais as paixões atuam de forma tão destrutiva como a ira de Aquiles ou o ódio de Hagen. É espantoso como o mundo se pode tornar sombrio para este autor, e como o mal ergue majestosamente o seu cetro nele. Leskov – e este é um dos poucos traços que o poderão aproximar de Dostoiévski – conheceu sem dúvida estados de espírito nos quais se aproximou de uma ética antinômica. As naturezas elementares das suas "Histórias dos velhos tempos" levam até o fim, sem contemplações, as suas paixões extremas. Esse fim, os místicos gostavam de vê-lo como aquele ponto em que a depravação se transforma em santidade.

XIX

Quanto mais Leskov desce na escala criatural, tanto mais o seu ponto de vista se aproxima do dos místicos. De resto, como se verá, há indícios abundantes de que nisso se esconde uma marca intrínseca do próprio contador de histórias. É certo que só alguns se aventuraram nessas profundezas da natureza inanimada, e na mais recente literatura narrativa não haverá muitos exemplos nos quais a voz do narrador anônimo, anterior a toda a escrita, ecoe tão fortemente como na narrativa de Leskov "A alexandrite". Trata de uma pedra semipreciosa, o piropo. O estrato mais baixo da criatura é o mineral. Mas para o narrador ele está imediatamente abaixo do estrato superior. O narrador consegue ver nessa pedra semipreciosa, o piropo, uma profecia natural da natureza petrificada e inerte sobre o mundo histórico em que ele próprio vive. Esse mundo é o mundo de Alexandre II. O narrador, ou melhor, o homem em quem ele delega o seu próprio saber, é um gravador de pedras, de nome Wenzel, que, na sua arte, chegou à perfeição máxima. Podemos colocá-lo ao lado dos ourives das minas de prata de Tula e dizer que – no espírito de Leskov – o artesão perfeito tem acesso aos recessos mais íntimos do reino criatural. É a encarnação do homem devoto. Desse gravador se diz na história: "Pegou de repente na minha mão, onde estava o anel com a pedra alexandrite, que, como se sabe, ganha reflexos vermelhos com a iluminação artificial, e soltou um grito: '... Olhem só, cá está ela, a pedra profética russa! Oh, astuta siberiana! Sempre foi verde como a esperança, e só ao cair do dia o sangue lhe enchia as veias. Foi sempre assim desde a origem do mundo, mas ela escondeu-se durante muito tempo e ficou escondida na terra, e só permitiu que a encontrassem no dia em que o czar Alexandre chegou à maioridade, quando um grande mago veio à Sibéria para encontrá-la, a essa pedra...'. 'Mas que disparates está dizendo por aí?', disse eu, interrompendo-o. 'Esta pedra, não foi nenhum mago que a encontrou, foi um sábio chamado Nordenskjöld!' 'Um mago, é o que lhe digo! Um mago!', gritou Wenzel em voz muito alta. 'Veja só que pedra é esta! Dentro dela está uma manhã verde e um entardecer de sangue... É um destino, o destino do nobre czar Alexandre!' E com essas palavras o velho Wenzel voltou-se para a parede, apoiou a cabeça nos cotovelos e... começou a soluçar."

Dificilmente nos poderemos aproximar melhor do significado dessa história do que com as palavras que Paul Valéry escreveu, num contexto muito distante do dela, ao dizer: "A observação do artista pode alcançar uma profundidade quase mística. Os objetos sobre os quais recai o seu olhar perdem o nome: sombras e luz constituem sistemas muito particulares, colocam perguntas muito próprias que nada devem às ciências, nem derivam de nenhuma prática, mas que apenas recebem a sua existência e o seu valor de determinados acordes que acontecem entre a alma, o olhar e a mão de alguém que nasceu para apreendê-los e fazê-los nascer dentro de si".[168]

Com essas palavras, alma, olhos e mão são trazidos a um mesmo contexto. A sua interação dá lugar a uma prática. Uma prática que já não nos é familiar. O papel da mão na produção tornou-se mais modesto, e o lugar que ela ocupou na narração está deserto (se considerarmos o seu lado mais sensível, a narração de modo nenhum é apenas obra da voz; na autêntica situação de narrar intervém de forma ativa a mão, que, com os seus gestos aprendidos no trabalho, acentua e multiplica aquilo que se ouve). Aquela antiga convergência de alma, olhos e mão que surge nas palavras de Valéry é própria do trabalho artesanal, e encontramo-la no lugar próprio da arte de narrar. Podemos ainda ir mais longe e perguntar se a relação que o contador de histórias tem com a sua matéria, a vida humana, não é ela própria uma relação

---

[168] Paul Valéry, *Autour de Corot* (1932), in: *Oeuvres*, vol. II, ed. Jean Hytier. Paris, 1960, p. 1318-1319. (N.T.)

artesanal. E se a sua tarefa não é a de trabalhar a matéria-prima das experiências – as alheias e as próprias – de forma sólida, útil e única. Trata-se de uma elaboração cuja ideia de fundo talvez nos seja mais bem comunicada pelos provérbios, se os virmos como ideogramas de uma narração. Os provérbios, poderíamos dizer, são ruínas que ficaram no lugar de antigas narrativas, e nas quais, como a hera que se agarra a um muro, uma moral se enreda em volta de um gesto.

Visto assim, o contador de histórias pertence à estirpe dos mestres e dos sábios. Tem um conselho a dar – não como provérbio, apenas para alguns casos, mas como o sábio, para muitos. Porque pode recorrer a toda uma vida – uma vida, aliás, que não conta apenas com a experiência própria, mas lhe acrescenta muito da alheia. O contador de histórias assimila ao seu próprio saber também aquilo que aprendeu com o que ouviu de outros. A sua vocação é a sua vida, a sua dignidade a de poder contar *toda* a sua vida. O contador de histórias é o homem que poderia deixar arder completamente o pavio da sua vida na chama suave da sua narrativa. É nisso que reside a aura incomparável que envolve o contador de histórias – que tanto pode ser Leskov como Hauff, Poe ou Stevenson. O contador de histórias é aquela figura em que o justo se encontra consigo próprio.

Comentário

Nota

Este comentário segue, em todos os volumes desta série, o da edição original alemã mais completa das obras de Benjamin (*Gesammelte Schriften*, da responsabilidade de Rolf Tiedemann e Hermann Schweppenhäuser), bem como, no caso de alguns dos volumes já publicados, o da nova edição crítica (*Werke und Nachlaß. Kritische Gesamtausgabe*). Adaptei os comentários ao destinatário de língua portuguesa e atualizei lacunas. As passagens em itálico provêm todas de textos e cartas de Benjamin.

As citações das Cartas no aparato crítico da edição alemã das obras de Walter Benjamin referem ainda a edição em dois volumes, organizada por G. Scholem e Adorno (W. Benjamin, *Briefe* [Cartas]. Herausgegeben und mit Anmerkungen versehen von Gershom Scholem und Theodor W. Adorno. Frankfurt/Main, Suhrkamp Verlag, 1966). Foi, entretanto, editada a correspondência completa de Benjamin (*Gesammelte Briefe* in sechs Bänden [Correspondência Completa, em seis volumes], organ. de Christoph Gödde e Henri Lonitz (Arquivo Theodor W. Adorno), Frankfurt/Main, Suhrkamp Verlag, 1995-2000). Uma vez que é esta hoje a edição de referência para as Cartas de Benjamin, todas as citações no Comentário desta edição remeterão para ela, indicando, no entanto, também a fonte na primeira edição das Cartas. Para isso, usar-se-ão as siglas Br. (= *Briefe*, para a edição de Scholem/Adorno, em dois volumes) e GB (= *Gesammelte Briefe*, para a edição completa), seguidas do número de página e, no caso desta última, também o do volume. Sempre que apareça apenas a referência a GB, isso significa que a carta em questão não figura na edição de Scholem/Adorno. As referências à edição original das *Obras completas* (*Gesammelte Schriften*) utilizam a sigla GS, seguida do volume e do número de página.

Sobre a linguagem em geral e sobre a linguagem humana
(p. 9-27)

Este ensaio é o primeiro texto importante de Benjamin sobre filosofia da linguagem, com uma fundamentação em que se cruzam duas referências maiores: o cratilismo platônico e o misticismo judaico, particularmente a Cabala e o lugar que aí assume a problemática do Nome. Essa dupla fundamentação será explicitada por Benjamin em cartas desses anos a dois interlocutores determinantes em relação a essa matéria, como adiante se verificará (Martin Buber e Gershom Scholem), e prolonga-se em escritos posteriores, particularmente o ensaio sobre "A tarefa do tradutor", alguns momentos do livro sobre a *Origem do drama trágico alemão* e textos afins, e fragmentos como "Doutrina das semelhanças" e "Sobre a faculdade mimética".

Nos últimos meses do seu período de estudos em Munique, em 11 de novembro de 1916, Benjamin escreve a Scholem: *Há uma semana comecei a escrever uma carta para lhe enviar, cheguei à página dezoito e parei. Era uma tentativa de resposta em contexto a algumas das muitas questões que me colocou. Entretanto, para delimitar mais precisamente o objeto, tive de me decidir a transformar a carta num pequeno ensaio, que estou agora redigindo definitivamente. Não me foi possível abordar o problema das relações entre matemática e linguagem, i.e. matemática e pensamento, matemática e sionismo, porque tenho ainda ideias muito pouco claras sobre esse tema imensamente difícil. Por outro lado, tento nesse trabalho discutir a essência da linguagem, mais precisamente, e na medida em que me é dado compreendê-la, numa relação imanente com o judaísmo e em estreita ligação com o primeiro capítulo do Gênesis. Espero pela a sua opinião sobre essas ideias, que, estou certo, muito me ajudará. Só lhe poderei enviar o trabalho daqui a algum tempo – quando, não lhe posso dizer com segurança, talvez dentro de uma semana, talvez só mais tarde; como disse, ainda não o terminei. O título – "Sobre a linguagem em geral e sobre a linguagem humana" – indica já uma certa intenção sistemática, mas que para mim evidencia também de forma clara o caráter fragmentário das ideias, já que não estou em condições de abordar muitos aspectos. Em particular o lugar da Matemática, considerada do ponto de vista de uma teoria da linguagem, é para mim particularmente importante para uma teoria da linguagem em geral, apesar de ter consciência de que ainda não posso enveredar por aí* (Br., 128-129; GB I, 343-344).

A data dessa carta e as alusões temporais nessa passagem permitem determinar com exatidão a fase de elaboração do trabalho: numa semana, entre 4 e 11 de novembro de 1916, a versão interrompida da carta foi transformada num *pequeno ensaio*, e a sua redação definitiva começada em 11 de novembro. O envio do trabalho deu-se, segundo Scholem, em dezembro desse ano, quando Benjamin regressa de Munique a Berlim. A *intenção sistemática* enunciada no título era mais ambiciosa do que a que esta versão do estudo revela. Segundo Scholem, Benjamin ter-lhe-á comunicado verbalmente que se tratava apenas de uma primeira parte, a que seguiriam duas outras. O próprio Benjamin fala, numa carta a Ernst Schoen (de 27 de fevereiro de 1917: Br., 133; GB I, 355), da sua ocupação com *um trabalho de certa dimensão que comecei há três meses e desejo continuar*, precisamente este estudo sobre a linguagem. Essa continuação é particularizada, para além da carta a Scholem, de novembro de 1916, numa outra a Ernst Schoen, um ano mais tarde: *Neste momento abrem-se-me complexos de questões do maior alcance, e posso dizer que só agora avanço pela primeira vez para uma visão unitária do meu pensamento. Lembro-me de como me compreendeu extraordinariamente bem quando eu [...] lhe falei das minhas reflexões desesperadas sobre os fundamentos linguísticos do imperativo categórico. Procurei desenvolver as formas de pensamento que nessa altura me ocupavam (o problema específico de então não está ainda hoje resolvido para mim, apesar de eu agora situá-lo num contexto mais amplo). [...] Em particular o seguinte: para mim, as questões da essência do conhecimento, do Direito, da arte são inseparáveis da questão das origens de todas as manifestações espirituais do ser humano a partir da essência da linguagem. É precisamente essa a relação que existe entre os dois objetos preferenciais do meu pensamento* [i.e., o problema da linguagem e "o problema da suástica"[169]: vd. Br., 165; GB I, 437]. *Sobre o primeiro complexo de problemas já tenho algumas coisas escritas, mas ainda não comunicáveis. Já conhece o meu trabalho de 1916 "Sobre a linguagem em geral e sobre a linguagem humana"? Se não for o caso, poderei enviar-lho, mas apenas a título de empréstimo. Constitui, para mim, o ponto de partida para um*

---

[169] A suástica é originalmente um símbolo do Sol, da fertilidade e da sorte, derivado do sânscrito, com a forma da cruz solar, ou gamada, depois apropriada pelo nazismo. Não é claro o sentido que Benjamin aqui lhe atribui. (N.T.)

trabalho mais amplo adentro do primeiro complexo de problemas que referi. (Br., 165; GB I, 437).

É o caso, por exemplo, da relação entre arte e linguagem, comentada em carta a Scholem com data de 20 de outubro de 1917: *Conteúdo artístico e comunicação espiritual são uma e a mesma coisa! Já nos meus apontamentos*[170] *vejo o problema da pintura desembocar no grande território da linguagem, cuja amplitude refiro também no trabalho "Sobre a linguagem..."* (Br., 155; GB I, 395). E ainda das questões colocadas no livro sobre o Barroco, em cuja *introdução [...] encontrarás pela primeira vez, desde o estudo "Sobre a linguagem em geral e sobre a linguagem humana", algo assim como uma tentativa epistemológica, uma espécie de segunda fase, não sei se melhor, do anterior trabalho sobre a linguagem* (cartas a Scholem, de 13 de junho de 1924: Br. 347; GB II, 464; e de 19 de fevereiro de 1925: Br. 372; GB III, 14), e no parágrafo final passagens deste anterior trabalho; finalmente, há ainda relações com o(s) texto(s) "Sobre a faculdade mimética". O *projeto extremamente ousado*, a formulação definitiva *dos meus recentes apontamentos sobre a linguagem* [i.e., os das duas versões desses textos], *só me seria possível se pudesse confrontar esses apontamentos com os anteriores de "Sobre a linguagem em geral e sobre a linguagem humana"* (carta a Scholem, de 23 de maio de 1933: Br. 575; GB IV, 214). Para poder realizar essa confrontação, pede a Scholem que lhe devolva a cópia que tem em seu poder, primeiro em maio e depois em junho de 1933, uma vez que não tem acesso à sua própria cópia em Ibiza, onde se encontra agora. O texto deve ter-lhe chegado em fins de junho/princípios de julho, porque numa carta não datada, mas situável nesse período, diz-se que *nos próximos dias [...] tenciono levar a cabo a redação comparada de dois trabalhos situados no tempo a uma distância de vinte anos* [de fato, dezessete]. *Pedi que me enviassem uma cópia do meu primeiro ensaio "Sobre a linguagem em geral e sobre a linguagem humana", e quero ver como se articula com as reflexões que desenvolvi e escrevi no início deste ano* (carta a Gretel Adorno, não datada, provavelmente de 25 de junho de 1933: GB IV, 248).

---

[170] Benjamin refere-se a dois fragmentos, "Pintura e gravura" e "Sobre a pintura, ou sinal e mancha", que se podem ler em tradução minha no último volume desta série da Autêntica com o título *Estética e sociologia da arte*. (N.T.)

Esses apontamentos, tal como o trabalho de 1916, ficaram inéditos, mas circularam entre aqueles que Benjamin considerava interlocutores válidos para a sua ocupação intensa com os problemas da linguagem. Por vezes com ecos dissonantes e de rejeição, como se pode confirmar pela notável carta dirigida a Martin Buber em junho de 1916, para recusar o convite a colaborar na revista *Der Jude* [O Judeu], com o argumento de que aí se praticava o que Benjamin vê como "uma traição à essência da linguagem". É um documento no qual se explicita claramente o lado metafísico, esotérico e essencialista da visão da linguagem por Benjamin nesses anos: *Só entendo a escrita em si mesma de um ponto de vista poético, profético, objetivo – mas quanto à sua repercussão, penso que ela deve ser* mágica, ou seja, sem mediação. *Todo o efeito benéfico da escrita [...] assenta no seu mistério (da palavra, da linguagem)* (Br., 126; GB I, 326). Junto de outros encontra, no entanto, receptividade para esse seu entendimento radical da linguagem, para a intensidade sem compromissos do seu pensamento. É o que se pode deduzir de cartas a Herbert Blumenthal (de finais de 1916: Br., 130-132; GB I, 348-350) ou a Scholem (de 17 de julho de 1917: Br., 141-142; GB I, 369-371).

Fragmentos sobre teoria da linguagem e epistemologia (p. 29-46)

Estes fragmentos constituem uma seleção feita a partir da primeira seção do VI volume dos GS, e situam-se, *grosso modo*, entre o primeiro ensaio de filosofia da linguagem ("Sobre a linguagem em geral e sobre a linguagem humana", de 1916) e os textos complementares dele, "Doutrina das semelhanças" e "Sobre a faculdade mimética" (de 1933). Também estes fragmentos são parte integrante da vertente inicial, "linguístico-filosófica", do pensamento de Benjamin, que se prolongaria, com raízes explícitas nesses primeiros ensaios, até o Prólogo de *Origem do drama trágico alemão*.

A amostra aqui publicada espelha relativamente bem o conjunto de papéis com anotações, fragmentos, aforismos, esquemas, reflexões inacabadas, notas de leitura, encontrados no espólio de Benjamin e não incluídos nem no *Livro das Passagens* nem nos paralipômenos a alguns ensaios acabados. Benjamin tem, muito cedo, consciência da natureza incipiente e vulnerável destes ensaios de pensamento sobre temas complexos.

Em carta a Herbert Belmore/Blumenthal, de 25 de março de 1916, escreve já: *Depois do trabalho sobre Hölderlin e do "Arco-íris"*[171] *comecei alguns novos trabalhos, mas nenhum deles chegou sequer perto do fim. A explicação é o enorme peso dos assuntos de que me ocupo...* (Br. 124; GB I, 319). Sobre o estudo intenso em torno de problemas de epistemologia e teoria da linguagem, manifesta por vezes a sua insatisfação, devida a pressões de várias ordens – exteriores, pelas *miseráveis condições de habitação* [na fase de estudante em Berna], e interiores, *pela acumulação de muitas tarefas, que impedem e não facilitam a expressão livre de ideias próprias. As minhas ideias são em parte ainda incipientes, fogem-me constantemente, e aquilo que apreendo necessita de fundamentação mais precisa para poder ser formulado* (carta a Ernst Schoen: Br. 187; GB I, 455). Significativas são também as observações a propósito da correspondência com Scholem, *que despertou em mim ideias que ainda não me considero apto a partilhar. Custa-me reprimir o que penso, mas não posso dar expressão a pensamentos demasiado incompletos; e uso o silêncio como espinho que me incita a não deixar de refletir* (a Scholem: Br. 170; GB I, 421-422).

Para além dessas hesitações, da consciência do inacabado e da vontade de continuar a pensar esses temas, os primeiros fragmentos constituem uma espécie de depósito de motivos, categorias e matérias que irão aparecer em ensaios acabados que iluminam essas primeiras tentativas, desconexas e analíticas, de apreendê-los. Muitos deles assemelham-se a exercícios de pensamento, tateantes e insistentes, e poderão revelar alguns dos aspectos mais secretos do pensamento do jovem Benjamin e da sua travessia de categorias analíticas, postulados e pressupostos metafísicos e teológicos.

Este primeiro núcleo de fragmentos sobre "Filosofia da linguagem e epistemologia" surge aqui ordenado cronologicamente, sem

---

[171] O "trabalho sobre Hölderlin" refere-se ao ensaio "Dois poemas de Friedrich Hölderlin", de 1914 (que será incluído no próximo volume desta série). Os organizadores da edição alemã davam, em 1972, o trabalho sobre o "Arco-íris" como desaparecido. Ele foi, no entanto, descoberto em Roma por Giorgio Agamben em 1977, entre os papéis deixados por um companheiro de escola de Benjamin, Herbert Belmore/Blumenthal, e incluído no volume suplementar dos *Gesammelte Schriften* de Benjamin (vol. VII/I, p. 19-26). Trata-se de um diálogo filosófico em torno do complexo "Imaginação e cor", e que deverá ter sido escrito entre 1915 e 1916. Existe ainda um outro texto de Benjamin com o título "O arco-íris, ou a arte do paraíso», enviado a Scholem entre 1914 e 1915. (N.T.)

que essa ordem perturbe as afinidades temáticas entre muitos deles (o mesmo critério foi seguido no segundo núcleo deste volume, o dos "Fragmentos sobre crítica literária").

Fragmentos sobre a percepção
(p. 29)

Percepção é leitura
(p. 29)

Sobre este fragmento escreve G. Scholem (em *W. B. – História de uma Amizade*): "Já então [no verão de 1918] ele se ocupava da percepção como uma forma de leitura nas configurações da superfície, como acontecia com o homem primitivo em relação ao mundo à sua volta, e especialmente ao céu. Estava aqui a semente das considerações que muitos anos mais tarde haveria de fazer em "Doutrina das semelhanças". A aparição das constelações enquanto configurações na superfície dos céus terá sido, segundo ele, o princípio da leitura, da escrita, que coincide com a formação da idade mítica do mundo".

A avaliar pela escrita deste fragmento e por alguns tópicos anotados no verso da folha, ele tem, no entanto, data muito anterior (antes de 1917).

Sobre a percepção em si
(p. 29)

Fragmento datável da mesma época do anterior, e com ele inter-relacionado, pelo recurso ao mesmo motivo da superfície (tal como no texto "Sobre a pintura, ou sinal e mancha": cf., atrás, a referência em carta a Scholem, de 20 de outubro de 1917). Entre a segunda e a terceira frase Benjamin acrescentou esquemas e notas parcialmente ilegíveis, que evidenciam ligações com a preparação do ensaio sobre a linguagem, de 1916.

Apontamentos sobre o problema da percepção
(p. 29)

O fragmento desenvolve motivos do anterior. Não chega a comentar o ponto 2) anunciado, sobre "a relação do signo escrito com a língua".

Sobre a percepção
(p. 31)

O texto, de que traduzo apenas a parte final, que estabelece a ligação com a anotação seguinte (e que daria também entrada numa segunda parte, não escrita, sobre o tema "Experiência e linguagem"), pode ser lido como preparatório do ensaio "Sobre o programa da filosofia por vir", também de 1917, que explora "os fundamentos epistemológicos de um conceito superior de experiência" em Kant.

Simbolismo do conhecimento
(p. 31-33)

Os dois fragmentos derivam da escrita de um texto maior, no âmbito dos estudos sobre Kant e o problema do sistema (vd. carta a Scholem, 7 de dezembro de 1917: Br. 158; GB I, 402), mas também da ocupação com Goethe nesses anos (documentada em carta a Scholem, de 23 de fevereiro de 1918: Br., 177; GB I, 433), até a fase de redação do ensaio sobre *As afinidades eletivas* (1921-1922) e ainda ao artigo sobre Goethe para a Enciclopédia Soviética (1928). Segundo Scholem, Benjamin procuraria nesses anos desenvolver uma "doutrina do simbólico" em que "Deus seria o centro inalcançável, retirando-O assim de toda a esfera objetal, mas também simbólica".

Analogia e parentesco
(p. 33)

O fragmento provém de uma cópia de G. Scholem, que Benjamin lhe faz chegar nos anos de Berna (agosto de 1919); mais tarde, em carta de 16 de novembro de 1919, Benjamin pede a Scholem o envio dessa cópia, *que é bastante diferente do meu original* (GBII, 51). Dois meses depois insistia: *Peço novamente o envio urgente da cópia do apontamento sobre "Analogia e parentesco"* (Br., 230-231; GB II, 69).

Teoria do conhecimento
(p. 36)

Este importante fragmento tem origem na época em que Benjamin se ocupa *da análise do conceito de verdade* (Br., 249; GB II, 118); a segunda parte foi acrescentada mais tarde. Pressuposto da reflexão é aqui a ocupação com o problema da "tarefa infinita", documentada entre fins de 1917 e maio de 1918. O fragmento deve também ser lido no contexto da "doutrina do simbólico", retomada nesse período de esquematização do primeiro projeto de dissertação sobre filosofia da linguagem. O conhecido motivo do "Agora da possibilidade de conhecimento" [*das Jetzt der Erkennbarkeit*], que acompanhará Benjamin até o fim, tem aqui a sua primeira formulação.

Sobre o enigma e o mistério
(p. 38)

O conceito de símbolo é aqui posto em relação com o da *não-mediatização* (presente no ensaio de 1916 sobre a linguagem), através do conceito de *mistério*. Este apontamento liga-se também ao plano para a primeira dissertação.

Linguagem e lógica
(p. 40)

O título das anotações remete diretamente para a temática de uma planejada *pesquisa no âmbito da vasta problemática "palavra e conceito" [Linguagem e logos]* e dos *fundamentos linguísticos da lógica* (Br., 230; GB II, 68). A parte final da *folha perdida* (I), que deve ter sido escrita no fim de 1920, foi recuperada no início da parte II, como se depreende da temática e do resto da frase retomada aqui. Os fragmentos II e III, onde se lê *procurar em casa* [dos pais em Berlim, num período em que Benjamin não vive aí] podem, através dessa indicação, ser datados aproximativamente: entre maio e agosto de 1921, mais provavelmente nas semanas de julho e agosto em que Benjamin se encontra em Heidelberg por razões que se ligam ao plano para a dissertação, que não passou de alguns estudos prévios. Os apontamentos sobre *Lógica e linguagem* deixaram, no entanto, vestígios no Prólogo do livro sobre o drama barroco.

Tipos de saber
(p. 44)

A formulação definitiva *a verdade é a morte da intentio* liga-se a outros fragmentos deste grupo, e pressupõe alguns, nomeadamente sobre *Teoria do conhecimento*, no âmbito da reflexão sobre a análise do conhecimento e da verdade no ano de 1921.

Reflexões sobre Humboldt
(p. 45)

A ocupação (sem resultados visíveis) de Benjamin com a filosofia da linguagem de Wilhelm von Humboldt está bastante documentada na correspondência de 1925. Num dos últimos dias da estada em Frankfurt, em cuja universidade foi apresentada a tese que seria rejeitada *recebi a visita do diretor da Bremer Presse, o Dr. [Willy] Wiegand* [pode dizer-se que por sugestão de Hofmannsthal], *para me propor a organização de uma seleção de obras de Wilhelm von Humboldt. Disse-lhe que estou contratualmente comprometido* [com uma nova editora de Berlim] [...] *e que, para além disso, não estou em condições de me aventurar nessas profundezas do classicismo alemão* (Br., 381, 378; GB III, 38). Em maio, durante outra deslocação a Frankfurt, voltou ao assunto na longa carta a Scholem, lamentando a recusa: *Perdi essa oportunidade muito promissora [...] e vejo-me agora sem grandes perspectivas, precisamente num momento em que seria importante criar novas relações, sem saber qual será o resultado de algumas tentativas que fiz nesse sentido. Tenho de lamentar um dos erros, não muito numerosos, da minha vida* (Br., 381; GB III, 38). Mas seis semanas mais tarde escreve de novo ao amigo: *A Bremer Presse repetiu recentemente o convite para uma edição de obras escolhidas de Humboldt. Por diversas razões* [certamente também a não aceitação da dissertação em Frankfurt], *aceitei essa segunda oferta* [...] *Pormenores, ainda não os tenho, terei de me encontrar brevemente com o diretor da Bremer Presse para discutir o projeto. Talvez tu me possas dar algumas indicações importantes sobre Humboldt, já que o estudaste, pelo menos em parte. Para mim, foi muito agradável ver que me preferiram a Spranger, Litt e outros professores universitários que normalmente seriam os indicados para essa tarefa* (a Scholem, 21 de julho de 1925: Br. 395; GB III, 63).

Por essa altura Benjamin já se havia ocupado da obra de Humboldt; no *post scriptum* da carta fala do seu encontro com o linguista Ernst Lewy, e menciona nesse contexto *a minha leitura das obras de Humboldt sobre filosofia da linguagem na edição comentada de Steinthal, que contém um ensaio sobre o estilo de Humboldt, excelente, e que revela por onde passam as afinidades de Lewy com o seu autor preferido. Steinthal escreve de forma muito ousada e aberta sobre a "profundidade" de Humboldt* (Br., 398; GB III, 66). O encontro com o editor Wiegand aconteceu em fim de julho de 1925, e Benjamin dá conta dele a Hofmannsthal em 2 de agosto: *Vou trabalhar, com gratidão e convicção, no projeto que o Dr. Wiegand me expôs em poucas palavras: motivar e preparar os estudantes para o recurso às grandes edições completas, que hoje, em vez de abrirem as portas da obra dos nossos grandes pensadores e escritores, as fecham. A ocupação com a obra de Humboldt faz-me regressar aos meus tempos de estudante, quando li os seus escritos sobre a linguagem sob a orientação de um homem muito especial e, de uma forma quase grotesca, afim do gênio contemplativo do Humboldt da fase tardia. Permito-me mencionar o fato, porque a pessoa em questão é provavelmente sua conhecida [...] como autor de um livrinho sobre "a língua da fase tardia de Goethe". Trata-se de Ernst Lewy, agora professor de línguas fino-úgricas em Berlim* (Br., 400-401; GB III, 71). No início de novembro comunicava a Hofmannsthal que previa *estar livre dentro de dois meses, altura em que planejo ir para Paris, em fevereiro* [de 1926]... *As minhas próximas ocupações serão, assim, a edição de Humboldt para a Bremer Presse e a preparação de um livro sobre os contos de fadas* (carta de 8 de novembro de 1925: GB III, 96).

Benjamin nunca chegou a concluir esse projeto, que ainda o ocupava em 1927. Abriam-se-lhe nesse momento perspectivas de ir para Jerusalém no verão ou no Outono de 1928 – plano igualmente não concretizado.

O fragmento aqui reproduzido corresponde à primeira página de um conjunto manuscrito de doze, tendo as restantes apenas títulos e anotações de leitura não desenvolvidas nem integradas.

Doutrina das semelhanças / Sobre a faculdade mimética
(p. 47-56)

Este texto, e a sua variante com o título "Sobre a faculdade mimética", permaneceram inéditos em vida do autor, e podem ser datados do início de 1933.[172] São duas versões bastante diferentes de um único texto, no que à temática se refere: não se trata, portanto, de uma primeira versão posteriormente corrigida. A segunda versão reformula a primeira, não apenas do ponto de vista estilístico, mas também em certos pormenores de conteúdo: concretamente, aqueles que mostram que houve

---

[172] "Doutrina das semelhanças" foi publicado postumamente em *Zur Aktualität W. Benjamins* [Sobre a atualidade de W. Benjamin], ed. Siegfried Unseld. Frankfurt/M., Suhrkamp, 1972, p. 17-21 (facsimile) e 23-30 (texto); "Sobre a faculdade mimética" apareceu também postumamente, na edição dos *Schriften* [Obras] organizada por Theodor W. Adorno e Gretel Adorno, Frankfurt/M., Suhrkamp, 1955, vol. I, p. 507-510. (N.T.)

um recuo em relação a referências e motivos da esfera do ocultismo ou das teorias místicas da linguagem, mais evidentes na primeira versão, e em favor de tópicos derivados de uma teoria da linguagem mimético-naturalista. As alterações sutis introduzidas na segunda, e mais breve, versão do texto explicam-se, segundo G. Scholem, por uma de duas razões: a primeira levaria em conta os destinatários do texto, junto dos quais Benjamin não desejaria esclarecer demasiado o teor e os caminhos do trabalho em curso (lê-se num manuscrito do Arquivo Benjamin); a segunda, mais tardia e mais plausível, fala da "face de Jano" do trabalho teórico de Benjamin, empenhado em não reduzir a complexidade dos problemas, também nesse âmbito da teoria da linguagem. Em *História de uma amizade*, Scholem explica: "É óbvio que ele [W. B.] estava dividido entre a sua simpatia para com as teorias místicas da linguagem e uma necessidade, igualmente forte, de combatê-las no sentido de uma visão marxista do mundo" (ed. alemã, p. 260).

Parece, no entanto, que não seriam tanto simpatias ou antipatias, mas antes convicções objetivas, o que o levava a esse comportamento de Jano bifronte. Na importante carta a Max Rychner, diretor da revista *Neue Schweizer Rundschau*, de 7 de março de 1931 (portanto, antes da escrita destes dois fragmentos), Benjamin já procurava esclarecer a sua deambulação entre um e outro desses polos para ele igualmente determinantes, e não incompatíveis: *Aquilo que eu, na época* [em que escrevi o livro sobre o Barroco: portanto, meia dúzia de anos antes, J. B.], *ainda não sabia, tornou-se-me pouco depois cada vez mais evidente: que existe uma ponte – certamente tensa e problemática – que liga o meu ponto de vista muito particular em matéria de filosofia da linguagem ao modo de ver as coisas do materialismo dialético; mas não existe nenhuma que me ligue à saturação da ciência burguesa* (Br. 523; GB IV, 18).

O período de redação destes dois fragmentos é relativamente seguro. "Doutrina das semelhanças" foi escrito em Berlim logo no início da ditadura de Hitler, provavelmente depois de Janeiro de 1933. Numa carta a Scholem, de finais de fevereiro, Benjamin escreve: *Para além do fascinante mundo das ideias de Lichtenberg,*[173] *que tanto me atrai, há um problema que me atormenta e que os próximos meses irão colocar, e não sei*

---

[173] *Georg Christoph Lichtenberg* (1742-1799): satirista e grande mestre do aforismo na Alemanha do Iluminismo, importante crítico de arte e divulgador científico. (N.T.)

como resolvê-lo, nem aqui nem fora da Alemanha. Há lugares onde posso ganhar um mínimo, e outros onde posso viver com esse mínimo, mas nenhum que reúna essas duas condições. E se, apesar disso, dessas circunstâncias tão complexas, te disser que elaborei uma nova teoria da linguagem – apenas quatro pequenas páginas manuscritas –, estou certo de que não me negarás uma menção honrosa. Essas quatro páginas não se destinam a ser impressas, nem tenho a certeza de que mereçam já uma cópia datilografada... (Br. 563; GB IV, 163). Em meados de março Benjamin sai da Alemanha. *Foi uma decisão puramente racional, que tinha de ser tomada sem demora,* escreve a Scholem já de Paris, *em plena liberdade.* E a carta termina com a pergunta: *Já te tinha dito que em Berlim escrevi um pequeno trabalho, talvez estranho, sobre a linguagem, perfeito para se juntar às peças raras do teu arquivo? Responde o mais rapidamente que puderes...* (Br. 567; GB IV, 171). Em Ibiza, onde passa o verão, parece ter-se decidido a fazer uma *cópia datilografada*; já em 19 de abril escrevia a Scholem: *Vou fazer-te uma cópia datilografada do trabalho sobre a linguagem. Por mais breve que seja, há várias dúvidas e ideias que, ao escrever, contribuirão para me refrear a mão, pelo que só daqui a várias semanas te chegarão as duas ou três folhinhas* (Br. 572-73; GB IV, 183). O que veio depois já não previa uma simples cópia, mas uma reformulação que poderia ocupar várias semanas. Podemos, por isso, datar dessa altura o começo da segunda versão, "Sobre a faculdade mimética" (ou pelo menos o seu plano); mas não como momento da escrita definitiva dessa segunda versão, antes como reformulação da primeira.

    Umas quatro semanas mais tarde lemos noutra carta: *E agora uma palavra que te vai fazer franzir a testa. Mas tem de ser dita. Pensando melhor no meu plano de te enviar os meus apontamentos recentes sobre a linguagem, constatei que esse projeto, já de si ousado, só o poderia concretizar confrontando antes esses apontamentos com os anteriores de "Sobre a linguagem em geral e sobre a linguagem humana". Acontece que estes estão no meio dos meus papéis de Berlim, a que, naturalmente, não tenho acesso aqui. Por outro lado, sei que tens uma cópia, e por isso te peço que ma envies o mais depressa possível, em correio registado, para o meu endereço aqui em Ibiza. Não percas tempo, que assim receberás mais depressa os meus novos apontamentos* (Br. 575; GB IV, 214). Scholem não reage de imediato, e em meados de junho o pedido repete-se: *Relembro-te a minha última carta para te dizer o quanto espero poder ter na minha posse, muito em breve, a tua cópia do trabalho sobre a linguagem, para depois de relê-lo escrever o meu novo ensaio para te enviar uma cópia.* Pouco depois, a cópia do texto deve ter chegado, como se pode deduzir de uma carta não datada de Benjamin, em resposta a uma outra de Gretel Adorno com data de 17 de junho: *Nos próximos dias tenciono levar a cabo a redação comparada de dois trabalhos situados no tempo a uma distância de vinte anos. Pedi que me enviassem uma cópia do meu primeiro ensaio "Sobre a linguagem em geral e sobre a linguagem humana", e quero ver como se articula com as reflexões que desenvolvi e escrevi no início deste ano. Estas são esperadas com grande interesse em Jerusalém, e por isso me sinto um pouco inquieto* (a Gretel Adorno, sem data [25 de junho de 1933?]: GB IV, 248). Depois, foi a vez de Benjamin faltar ao prometido; no fim de julho desculpava-se pelo *constante adiamento do envio dos prometidos apontamentos sobre a linguagem.* E ainda: *há qualquer coisa que não está bem [...], há uns quinze dias que estou doente. E como o aparecimento (em si nada de grave) das maleitas* [um ataque de malária, como foi constatado no outono em Paris: vd. Br. 593; GB IV, 296] *coincidiu, talvez não por acaso, com o dos calores de julho, tive grandes dificuldades em me manter cativo nessas circunstâncias difíceis [...] Vais ter de esperar ainda um pouco pelos apontamentos sobre a linguagem...* (Br. 588-590; GB IV, 267-269). Nas semanas seguintes, até setembro, Benjamin conseguiu terminar o texto "Sobre a faculdade mimética", como se pode deduzir da carta a Scholem escrita de Paris, depois do seu regresso em meados de outubro: *Com uma certa sensação de mal-estar continuo à espera de notícias tuas sobre a recepção dos apontamentos sobre a linguagem, que te enviei de Ibiza em cópia datilografada. Deves tê-la recebido pouco depois de 19 de setembro, a data da tua última carta* (Br. 593; GB IV, 297). O silêncio de Scholem manter-se-á ainda por quatro anos. O grande espanto de Benjamin pela ausência de resposta manifesta-se dois anos mais tarde numa carta a Gretel Adorno, de 9 de outubro de 1935: *Não me quero esquecer de te agradecer muito o envio do Almanaque Psicanalítico.*[174] *[...] E espero que tenhas lido o texto de Freud sobre telepatia e psicanálise. É admirável, ao menos porque nos traz de novo o estilo de velhice do autor, que nunca será demais venerar, sendo, como é, um*

---

[174] *Almanach der Psychoanalyse*, Viena, Internationaler Psychoanalytischer Verlag, 1934. O contributo de Freud a seguir referido tinha o título "Zum Problem der Telepathie" [Sobre o problema da telepatia], e não "Psychoanalyse und Telepathie", como erroneamente indica a edição alemã de Benjamin. (N.T.)

dos mais belos exemplos de linguagem acessível a todos. Mas estou pensando num aspecto muito particular. Ao longo da exposição do seu pensamento – e como que de passagem, uma maneira muito sua de chegar às grandes ideias – Freud constrói uma ligação entre telepatia e linguagem, vendo na primeira um meio de compreensão (e remete, para esclarecer, para o mundo dos incestos) que considera, filogeneticamente, como precursor da segunda. E aqui eu volto a encontrar ideias que tratei de forma decisiva num pequeno projeto quando estive em Ibiza, "Sobre a faculdade mimética". Não posso esclarecer melhor de que trata, e provavelmente não te falei desse importante fragmento no nosso último encontro – sem estar, naturalmente, seguro dessa importância. Tinha-o enviado a Scholem, que desde sempre manifestou um contínuo interesse pelas minhas reflexões sobre a teoria da linguagem, e que, para meu grande espanto e sem que se compreenda, de repente deixou cair esse interesse. Aquela passagem de Freud no teu Almanaque foi uma verdadeira dádiva para mim. Obrigado! (GB V, 171-172)

Duas semanas depois, quando recebe *o capítulo sobre o* Zohar,[175] que Benjamin elogia como *grande trabalho que aponta, de forma exemplar, muito para além da sua matéria*, escreve de Paris a Scholem: *Espero que não fiques surpreso se te disser que essa matéria continua a interessar-me muito, ainda que não tenhas compreendido nesse sentido o esboço programático em que se inseria, em Ibiza, esse complexo de problemas ("Sobre a faculdade mimética"). Seja como for, o conceito, que aí propus, de semelhança não-sensível, encontra múltipla ilustração no modo como o autor do Zohar entende a formação dos sons, e mais ainda os signos da escrita como um depósito de constelações do mundo. É certo que ele não pensa em correspondências que remetam para uma origem mimética, o que pode ter a ver com a sua dependência de uma doutrina das emanações em relação à qual, de fato, a minha teoria da mimesis apresenta o mais evidente antagonismo* (Br, 693-694; GB V, 187).

Um outro trabalho de Benjamin sobre a linguagem parece também ter sido objeto de mal-entendidos, aquele em que faz um resumo de "Problemas da sociologia da linguagem" (incluído neste volume), o que lhe deu oportunidade de chamar a atenção para as relações desse trabalho com a sua própria teoria da linguagem e o seu último

---

[175] Trata-se da tradução, por Scholem, de um capítulo do Zohar: *Die Geheimnisse der Schöpfung. Ein Kapitel aus dem Sohar* [Os mistérios da criação. Um capítulo do Zohar], Berlim, 1935. (N.T.)

exemplo, o fragmento "Sobre a faculdade mimética". É o que lemos numa carta a Werner Kraft, de 30 de Janeiro de 1936: *Sobre as suas observações a propósito do meu ensaio, cujos limites lhe foram impostos pela própria forma: não há nele qualquer preconceito em relação a uma metafísica da linguagem. E estruturei-o, ainda que isso não seja evidente, de tal forma que ele leva diretamente ao ponto em que começa a minha própria teoria da linguagem, que fixei há anos em Ibiza num apontamento programático. E fiquei até surpreso ao encontrar importantes relações entre esta minha teoria e o ensaio de Freud "Psicanálise e telepatia"* [i.e. "Sobre o problema da telepatia"]... (Br. 705; GB V, 237).

O primeiro reencontro ao cabo de vários anos – em fevereiro de 1938, em Paris – proporcionou finalmente uma oportunidade de se entender com Scholem sobre o trabalho que ficara sem comentário. Este escreve sobre o encontro em Paris: "Conversamos muito sobre o seu trabalho e as suas posições de princípio, e, naturalmente, também sobre matérias que não tinham sido afloradas nas nossas cartas. E só com essas conversas me pude aperceber do significado dos seus apontamentos sobre a filosofia da linguagem ("Sobre a faculdade mimética"), a que ele dava muita importância, tendo-se queixado por mais de uma vez da ausência de reação da minha parte" (Scholem, *W. B. – Die Geschichte einer Freundschaft* [W. B. – História de uma amizade]. Frankfurt/M., Suhrkamp Verlag, 1975, p. 255 e segs.). Essas conversas "permitiram-me tomar plena consciência da polarização da sua concepção da linguagem. De fato, a liquidação da magia da linguagem, adequada a uma concepção materialista da linguagem, encontrava-se numa evidente tensão com todo o seu pensamento anterior sobre a linguagem, de inspiração místico-teológica, e que ele manteve, ou desenvolveu, noutros apontamentos que me leu antes, bem como no fragmento sobre a faculdade mimética. Nunca ouvi da sua boca qualquer frase de recorte ateísta, o que não constituía motivo de espanto para mim; mas surpreendeu-me o fato de ele continuar a falar, sem metáfora, da 'palavra de Deus' por contraste com a palavra humana, tomando isso como fundamento de toda a sua teoria da linguagem. A distinção entre palavra e nome, em que assentava o trabalho sobre a linguagem de vinte anos antes, em 1916, e que foi desenvolvido ainda no Prólogo ao livro sobre o drama do Barroco, continuava viva, e no trabalho sobre a faculdade mimética não havia também qualquer alusão a um ponto de vista materialista sobre a linguagem. Pelo contrário, quando aí se fala de matéria é apenas em contextos puramente mágicos". Mencionei essas contradições, continua Scholem, "e ele reconheceu-as sem reagir, explicando que se tratava de um problema que ainda não havia dominado completamente, mas de que esperava grandes resultados" (SCHOLEM, 1975, p. 259 segs.).

Scholem acrescenta ainda algumas considerações sobre os antecedentes do texto "Doutrina das semelhanças": "Especialmente entre meados de junho e meados de agosto [de 1918, durante o período de estudos de Scholem em Berna], falávamos muitas vezes sobre o mundo do mito e [...] especulações sobre cosmogonia e o mundo primitivo dos homens". "Não há dúvida de que houve então uma influência mútua entre nós dois. Ele leu-me um texto relativamente longo sobre sonho e vidência, no qual tentava também dar expressão às leis que dominavam o mundo fantástico pré-mítico. E distinguia duas eras históricas, a do fantástico e a do demoníaco, que precederam a era da revelação – e eu sugeri-lhe que usasse antes a designação de era messiânica. O verdadeiro conteúdo do mito, seria, segundo ele, a portentosa revolução que, na polêmica contra o fantástico, teria posto fim à sua era. Já nessa altura o ocupavam ideias como a da percepção enquanto leitura nas configurações da superfície por parte do homem primitivo, em relação ao mundo, e sobretudo ao céu. Encontra-se aqui o núcleo seminal das considerações que desenvolveu muitos anos depois em 'Doutrina das semelhanças'. A origem das constelações como configurações na superfície do firmamento representava, segundo ele, o começo da leitura, da escrita, que coincide com a formação de uma era mítica. As constelações teriam sido para o mundo mítico o que mais tarde foi a revelação para a 'Sagrada Escritura'" (SCHOLEM, 1975, p. 79).

Um pretexto para a escrita daquele texto poderá ter sido, no final de outubro de 1932, a leitura de um livrinho que recomendou insistentemente a Scholem, e que caracterizava assim: *É um pequeno estudo de filosofia da linguagem que – apesar do problema que constitui a sua falta de fundamentação teórica – fornece, mais do que é habitual, muito material para reflexão. É da autoria de um literato até agora muito pouco conhecido, de nome Rudolf Leonhard, e tem o título* Das Wort *[A Palavra]. Trata-se de uma teoria onomatopaica da palavra, documentada com exemplos* (carta a Scholem, de 25 de outubro de 1932: GB IV, 140-141).

Pertencendo ao âmbito temático desses dois textos ou versões, encontram-se no espólio de Benjamin cinco anotações, duas provavelmente de 1933 (os números 1 e 2 a seguir transcritos) e três outras datáveis de 1935 (números 3 a 5).

1.

O momento do nascimento – astrologicamente decisivo – é um instante. E isso chama-nos a atenção para outra particularidade na esfera da semelhança. A sua percepção está sempre ligada a uma aparição súbita. Ela passa, veloz, talvez seja recuperável, mas não podemos fixá-la, encerrá-la na memória, como acontece com outras percepções. Oferece-se ao olhar de forma tão fugidia e passageira como uma constelação. Mas a pátria da sua existência fantasmática é a linguagem, que exorciza essa criatura muito rápida e fugidia – a semelhança – no som das suas palavras, que rapidamente se dissipa.

A imitação pode ser um ato de magia; mas ao mesmo tempo aquele que imita retira a magia à natureza ao aproximá-la da linguagem. O trazê-la para a proximidade da linguagem é uma função essencial do cômico. O riso é um caos da articulação.

A percepção de semelhanças é, assim, um comportamento tardio e derivado. Nas origens assistimos a uma apropriação de semelhanças que se concretiza no ato do tornar-se semelhante. As semelhanças entre dois objetos são sempre mediatizadas pela semelhança que o ser humano encontra com ambas em si mesmo, ou que ele assume com ambos. E é certo que isso não exclui a possibilidade de as diretrizes para tal comportamento terem uma existência objetiva. A existência objetiva de tais diretrizes é mesmo o pressuposto do verdadeiro sentido da semelhança.

A astrologia é uma teoria tardia que, para além disso, se encontra nos antípodas daquela prática anterior, cujos dados ela interpreta de forma arbitrária e frequentemente errônea. Não se trata de influências ou de forças dos astros, mas sim da faculdade arcaica do ser humano para imitar a posição dos astros numa determinada hora. Essa hora é a do nascimento, e nela deverá ter acontecido em tempos o primeiro ato da adequação, de um alcance incomparável: a adequação a todo o cosmos por meio dessa adequação a ele. A faculdade mimética do ser humano retirou-se sempre progressivamente para o âmbito da linguagem, desenvolvendo-se de forma cada vez mais sutil.

Linha de desenvolvimento da linguagem: a separação entre a função mágica e a profana da fala é anulada em favor da última. O sagrado está mais próximo do profano do que do mágico. Orientação no sentido de uma linguagem livre de todos os elementos mágicos: a de Scheerbart[176] ou Brecht.

(Fonte: Arquivo Benjamin, manuscrito 926)

2.

Contributos para uma teoria da faculdade mimética em L'âme et la danse, *de Valéry [Paris, 1923].*

Na "Fisiognomia da Linguagem" de [Heinz] Werner[177] faltam indicações sobre os objetos das experiências. De que meio provêm? Com certeza que pessoas com pouca maleabilidade intelectual se prestam pouco a tais experiências, que exigem uma alta técnica de auto-observação. Por outro lado, a matéria não prescinde facilmente delas: seria necessário investigar precisamente as reações de pessoas simples do povo e de crianças.

O livro de Werner confirma-nos também que a coruja de Minerva só ensaia o voo ao crepúsculo. Leva-nos, mais do que outros anteriores, para perto das fontes da poesia lírica no âmbito linguístico, precisamente numa época em que a poesia lírica começa a emudecer.

Werner apresenta o problema nas suas várias ramificações, sem dar uma explicação. Seguindo a sua exposição, não seria impossível entender toda investigação como um trabalho psicológico. A insistência ambígua na "subjetividade", no "caráter criativo" das leituras feitas quase impõe mesmo uma tal interpretação. Em contrapartida, a questão histórica não merece a devida atenção. E, vendo bem, a simples observação de que os fenômenos aqui tidos por mais importantes surgem de forma destacada nas línguas primitivas deveria ter levado a uma investigação dos contextos originais que deixaram marcas no caráter fisionômico da linguagem. É também óbvio o parentesco entre o comportamento do fisionomista da linguagem com formas de comportamento e de imaginação arcaicas. O capítulo sobre a natureza das leituras feitas, paradoxal de um ponto de vista lógico objetivo, oferece muitos exemplos disso.

(Fonte: Arquivo Benjamin, manuscrito 930)

---

[176] Paul Scheerbart (1863-1915): poeta e teórico da arquitetura (cf. o livro *Glasarchitektur* [Arquitetura do vidro], de 1914). Scheerbart é nomeado juntamente com Brecht num outro escrito de Benjamin, "Experiência e indigência", incluído no volume desta série com o título *O anjo da história*, p. 85-90. (N.T.)

[177] H. Werner, *Grundfragen der Sprachphysiognomik* [Problemas fundamentais da fisiognomia da linguagem]. Leipzig, 1932.

3.

A propósito da faculdade mimética

O ornamento tem afinidades com a dança. Constitui um guia para a produção de semelhanças (seria necessário recorrer ao livro de Wilhelm Worringer Abstraktion und Einfühlung *[Abstração e empatia, de 1911]). Por outro lado, na interpretação da dança não se pode esquecer o seu lado dinâmico – a transmissão de energia a armas, instrumentos, espíritos. Talvez ela tenha uma relação dialética com a forma de comportamento mimético do dançarino.*

Um outro cânone da semelhança é o totem. E provavelmente a proibição de produzir imagens na cultura judaica tem uma relação com o totemismo.

(Fonte: Arquivo Benjamin, manuscrito 927)

4.

Sobre a linguagem e a mimese

"Se nos habituarmos à ideia de telepatia, podemos fazer muita coisa com ela, mas por enquanto apenas na imaginação. Desconhecemos, como se sabe, os mecanismos que geram uma vontade coletiva no mundo dos incestos. Provavelmente isso acontece através de formas de transmissão psíquica direta. E isso leva-nos à suposição de que esse é o caminho original, arcaico, do entendimento entre os seres individuais, remetido para segundo plano no decurso da evolução filogenética por ação do método mais perfeito da comunicação com a ajuda de sinais apreendidos pelos órgãos dos sentidos. Mas o método mais antigo poderia ter-se mantido em segundo plano, impondo-se em determinadas circunstâncias, por exemplo no caso de massas emocionalmente excitadas. Tudo isso é ainda muito pouco seguro e está cheio de enigmas irresolvidos, mas não há razão para nos assustarmos" (Sigm. Freud, "Sobre o problema da telepatia". Almanaque da Psicanálise 1934, *Viena, p. 32-33).*

(Fonte: Arquivo Benjamin, manuscrito 928)

5.

O ornamento é um modelo para a faculdade mimética. Essa forma de abstração é a alta escola da empatia.

Haverá relações entre as experiências da aura e as da astrologia? Haverá seres vivos terrenos, e coisas, que se orientam pelos astros, que só fixam os olhos no céu? Serão os astros, com o seu olhar da distância, o fenômeno primitivo da aura?

Poderemos supor que o olhar foi o primeiro mentor da faculdade mimética? Que a primeira produção de semelhanças se realiza pelo olhar? Poderemos, por fim, fechar o círculo com a hipótese de que as constelações dos astros tiveram influência no nascimento do ornamento, e de que o ornamento capta e fixa o olhar das estrelas?

Nesse contexto poderia nascer uma polaridade dos centros da faculdade mimética no ser humano, que se desloca dos olhos para os lábios, passando pelo corpo todo. Esse processo incluiria a superação do mito.

(Fonte: Arquivo Benjamin, manuscrito 931)

Problemas da sociologia da linguagem
(p. 57-83)

Publicado na revista *Zeitschrift für Sozialforschung*, n.º 4, 1935, p. 248-268.

São esparsas na correspondência as referências a este *aperçu* bibliográfico sobre a sociologia da linguagem – assim o designa por vezes Benjamin, que vê nele um trabalho "artesanal" (GB V, 35, em carta a Alfred Cohn, de 6 de fevereiro de 1935), um meio de subsistência nestes anos difíceis da emigração, quase só sustentados pela avença da *Revista de Investigação Social*, que Horkheimer edita nos Estados Unidos. Em 2 de janeiro de 1935 Benjamin escreve a Horkheimer, dando por certa a recepção do trabalho, do qual falará também, apenas de passagem, a alguns amigos, nomeadamente a Brecht, Scholem e Asja Lacis.

A tarefa do tradutor
(p. 87-100)

"A tarefa (a renúncia?) do tradutor" é um daqueles textos de Benjamin que, tendo sido objeto de algumas hesitações por parte do autor, acabou por se transformar numa referência quase mítica. O ensaio acompanhou a tradução dos *Tableaux parisiens* de Baudelaire, publicada em edição bilíngue em 1923 (Heidelberg, Verlag von Richard Weißbach, 5º volume da coleção "Die Drucke des Argonautenkreises", que se seguiu à revista *Die Argonauten*, dirigida pelo poeta expressionista Ernst Blass na mesma editora). Benjamin escreve a Hofmannsthal em 13 de janeiro de 1924, esclarecendo a gênese das suas traduções de Baudelaire: *Desde as minhas primeiras tentativas de tradução de poemas das* Flores do Mal *até a publicação do livro decorreram nove anos* (GB, II, 410; Br. 330). Assim sendo, Benjamin terá começado a traduzir Baudelaire em 1914 ou, o mais tardar, em 1915; Gershom Scholem recorda também que tomou conhecimento desse trabalho de tradução em 1915.

A ideia de um prefácio aos *Quadros parisienses*, que resultaria no ensaio "A tarefa do tradutor", aparece logo no início da correspondência de Benjamin com o editor Richard Weißbach, em 1920. Mas em 3 de janeiro de 1921 o texto não está ainda escrito, como se depreende do que Benjamin escreve a Weißbach: *Quanto ao eventual prefácio sobre "A tarefa do tradutor", peço-lhe que não o considere, em termos de contrato, como fazendo parte do original do livro, uma vez que ainda não decidi se o irei escrever* (GB II, 135). E um pouco mais tarde lê-se numa carta (de 26 de março de 1921) a Scholem: *Já ando outra vez dividido entre vários trabalhos, um dos quais precisará contar com a sua importante participação, o ensaio "Sobre a tarefa do tradutor". Será esse o título do texto que, logo que possível, escreverei para servir de prefácio ao meu Baudelaire. [...] O que acontece é que se trata de um tema tão determinante para mim que ainda não sei se, no estado atual do meu pensamento, conseguirei desenvolvê-lo com a necessária e suficiente liberdade; isso, partindo do princípio de que chegarei a ter ideias claras sobre ele. No que se refere à exposição sobre esta matéria, de momento sinto a falta absoluta de trabalhos filológicos prévios sobre ela. É possível, numa análise crítica (de pontos de vista alheios) dizer muitas vezes coisas que ainda não sabemos como expor numa síntese própria. Terá alguma sugestão a dar-me nesse campo? Folheei em vão, por exemplo, toda a Estética de Cohen*[178] (Br. 259; GB II, 145-146). Mas já em cartas de 8 e 27 de novembro do mesmo ano Benjamin fala d' "A tarefa do tradutor" como um trabalho pronto, e que Scholem conhece, porque se destinava ao primeiro número da revista por ele planejada, mas nunca publicada pelo editor Weißbach (a *Angelus Novus*,[179] em que ambos teriam colaboração) (Br., 280-281, 283; GB II, 207 e 212). E ainda em 1940, num dos seus *Curriculum vitae*, Benjamin se refere a este ensaio como *o primeiro resultado concreto das minhas reflexões no domínio da teoria da linguagem.*[180]

---

[178] A obra de Hermann Cohen, *Ästhetik des reinen Gefühls* [Estética do sentimento puro], 2 vols. Berlim, 1912. (N.T.)

[179] Vd. a apresentação dessa revista, e mais informação sobre esse projeto de Benjamin, no volume *O anjo da história*, p. 41-46 e 201-210. (N.T.)

[180] Vd. o primeiro volume desta série das obras de Benjamin (*Origem do drama trágico alemão*), p. 8. (N.T.)

Pouco antes da publicação das traduções de Baudelaire, a pedido do editor, Benjamin refere ainda brevemente a sua ideia de tradução, entre a fidelidade e a expressão poética, numa nota de apresentação do livro: *O que poderá assegurar a estas versões o seu devido lugar é o fato de, por um lado a exigência de fidelidade, irrefutavelmente fundamentada pelo tradutor no prefácio, ser escrupulosamente levada à prática nas traduções; e por outro lado a capacidade de captar de forma convincente o elemento poético* (GB II, 358).

A tradução – prós e contras
(p. 101-103)

A história deste fragmento, que datará de 1935 ou 1936, está envolvida numa certa névoa, no que diz respeito à sua autoria plena e na relação mais que provável que tem com o filósofo Günther Anders, primo de Benjamin e à data casado com Hannah Arendt. Dessa relação dá conta a troca de correspondência, em 1971, entre G. Anders e o então responsável pelo espólio de Walter Benjamin, Rolf Tiedemann. Numa carta a Gretel Adorno, de janeiro desse ano, G. Anders escreve: "No ano de 1935, ou 1936, esbocei com Walter um diálogo (em alemão) sobre os problemas filosóficos da tradução, uma conversa que tencionávamos fazer no rádio. Não tenho cópia desse diálogo. Será que me pode informar sobre a possibilidade, ou não, de se encontrar esse manuscrito?" (carta de 28 de janeiro de 1971, de Günther Anders a Gretel Adorno). Tolf Tiedemann responde pela destinatária, na altura já doente: "A única coisa que temos [no espólio de Benjamin em Frankfurt] são duas folhas manuscritas que contêm o esboço fragmentário de um diálogo sobre problemas filosóficos da tradução [Manuscrito 1344-46]. Se esse texto tem alguma coisa a ver com aquele que procura, só o senhor poderá confirmar. As folhas não trazem data, mas pela caligrafia e o tipo de papel poderão com certeza ter sido escritas em 1935 ou 1936. Envio-lhe fotocópias e transcrição das duas folhas. No entanto, se bem entendo o que diz, deverá ter existido nessa altura um texto mais ou menos acabado, de que as folhas que lhe envio representariam, eventualmente, uma versão prévia. É possível que o texto completo se encontre no Arquivo Central Alemão, em Potsdam..." (Tiedemann a G. Anders, 1º de maio de 1971). A busca feita em setembro de 1983 no arquivo da RDA não confirmou, no entanto, essa hipótese.

Tiedemann acrescentava ainda: "Tencionamos publicar o fragmento sobre tradução. Por isso lhe agradeceria que me comunicasse se este texto corresponde a esse trabalho comum consigo, e, se possível, o que nele é seu e o que é de Benjamin". Anders responde: "Sim, estas páginas têm relação com o diálogo que tive com Benjamin. A experiência do *déjà-vu* confirmou-se logo com a leitura das três primeiras palavras. Suponho que Benjamin, depois da nossa primeira conversa preparatória, esboçou por escrito os problemas que tinham sido aflorados – e esse esboço é o manuscrito que me enviou. Estranho é que Benjamin não tenha identificado os interlocutores – e eu já não estou em condições de decidir quais as ideias que provêm dele e quais as minhas, tanto mais que havia bastantes semelhanças entre muitos dos trabalhos dele e os meus. Também já não consigo, passados que foram 35 ou 36 anos, lembrar-me de quantas vezes nos sentamos – Benjamin e eu – para discutir esse trabalho comum, e a que ponto ele chegou na altura. De uma coisa lembro-me com segurança: o trabalho destinava-se a uma estação de rádio de Paris, e por isso não é por acaso que o título aparece já formulado em francês. Não creio que tenhamos feito uma tradução do diálogo, e o trabalho não chegou a ser difundido – disso lembrar-me-ia" (carta de 8 de maio de 1971).

No Arquivo Benjamin encontrou-se ainda uma outra folha com ligações ao tema do planejado diálogo (*O que fala a favor da tradução?*, manuscrito n.º 1346), e datável da mesma época pela caligrafia, tinta e tipo de papel; poderá tratar-se de uma cópia mais definitiva próxima da data do esboço do diálogo, a que Benjamin poderá ainda ter acrescentado alguns tópicos.

Fragmentos sobre crítica literária
(p. 107-130)

A partir de 1929, mas também já antes, Benjamin planeja escrever um trabalho sobre a teoria e a situação da crítica. Já em 1920 escreve numa carta a Ernst Schoen: *Interessa-me muito o princípio dos grandes trabalhos de crítica literária: todo o campo entre a arte e a filosofia propriamente dita*. E acentua *a consciência do fundamento originário e do valor da crítica nos meus próprios trabalhos* (GB II, 71-72). Já na apresentação da revista *Angelus Novus* (que nunca chegaria a sair), em 1922, se manifesta a intenção de *fazer a palavra crítica recuperar a sua força. Há que renovar o dito e veredicto* (vd. *O anjo da história*, p. 36). A ideia de que é importante chegar aos *fundamentos da crítica* ocupa-o também na fase de estruturação do livro sobre o drama Barroco, quando escreve a G. Scholem, em 6 de abril de 1925: *A minha firme intenção original de fazer corresponder à introdução não oficial uma conclusão semelhante não irá certamente concretizar-se. O clímax a que chego na conclusão da parte principal não podia ser ultrapassado; e para dar à série de reflexões metodológicas sobre a "crítica", tal como a planejei, a força necessária depois da conclusão, precisaria de outro trabalho e alguns meses; o resultado e o volume que essa parte teria poderiam facilmente desequilibrar toda a estrutura do livro* (GB III, 26). As *reflexões metodológicas* não chegaram a ganhar forma, mas o plano continuou presente, e iria tornar-se virulento nos anos de 1929-1931, uma fase de decidido empenhamento crítico e político. *Entre os artigos que preparo*, lemos numa carta a Scholem, de 14 de fevereiro de 1929, *há um com o qual espero suscitar reações, sobre "O baixo nível da crítica literária na Alemanha"* (GB III, 438). Ficou-nos o esboço de um comentário sobre o tema (fragmento 134). Nesse mesmo ano, Benjamin iniciara a escrita de 40 apontamentos em forma de teses sobre um *Programa da crítica literária* (fragmento 132), uma série de notas em que regularmente, e até 1930, iria deixando motivos e comentários feitos a partir de leituras de obras literárias e de teoria da literatura. Em janeiro desse ano escrevia a Scholem (em francês, um *álibi* para *superar a dificuldade imensa de quebrar o silêncio e escrever-te*): *O objetivo que tinha traçado ainda não se realizou plenamente, mas, ainda assim, estou perto de aí chegar. E esse objetivo é o de ser considerado o principal crítico literário da Alemanha. O problema é que, de há cinquenta anos a esta parte, a crítica literária deixou de ser vista como um gênero sério na Alemanha. Por isso, ganhar um lugar na crítica literária significaria, no fundo, recriá-la como um gênero. Há progressos sérios feitos por outros nesse sentido, mas sobretudo por mim próprio. É esta a situação em que me encontro. Quanto aos trabalhos em curso, espero poder em breve dar conta pública deles. Rowohlt está disposto a publicar em livro uma reunião de ensaios meus [...] E é para esse livro que preparo dois novos ensaios: um deles sobre o "modern style" (Arte Nova), e o outro sobre a situação e a teoria da crítica* (GB III, 502). Os apontamentos para o *Programa da crítica literária*, juntamente com os do *Perfil da nova geração*, poderão ser vistos como um reservatório de motivos para o ensaio planejado. O conjunto das restantes notas (fragmentos 135 e segs.), instantâneos e alguns desenvolvimentos maiores desses motivos, e ainda esboços e anotações para uma possível estrutura, deixam entrever um ensaio *in statu nascendi*, ainda que a partir desses fragmentos não seja possível reconstituir claramente uma composição definitiva. Isso se aplica já ao título do planejado ensaio, não se sabendo se foi tendo variantes – *O baixo nível da crítica na Alemanha* (em fevereiro de 1929); *La situation et la théorie de la critique* [A situação e a teoria da crítica] (janeiro de 1930); *Estudos sobre a crítica*, ou *Crítica* (1930-31) –, ou se as diversas formulações se referem a vários trabalhos, ou pelo menos a partes de um único. O mais provável é que o título *Situação e teoria da crítica*, e um outro, de fevereiro de 1931, se refiram a um mesmo trabalho, umas vezes apresentado como *ensaio*, outras como *prefácio*. No início daquele mês de fevereiro, como Scholem refere na *História de uma amizade*, Benjamin escreve que *consegui adiar por um semestre a publicação dos meus ensaios reunidos, que deveriam sair na Primavera em edição da Rowohlt [...] Ainda tenho de escrever o prefácio, "A tarefa do crítico"*. Não é de excluir também que o plano, considerado prioritário em outubro/novembro de 1930, de fazer com Brecht, *na editora Rowohlt, uma revista bimestral com o título "Krisis und Kritik"*, se tenha antecipado à intenção de escrever o ensaio "A tarefa do crítico", e que Benjamin tenha pensado em publicar esse texto, na mesma ou noutra forma, nessa nova revista (vd. cartas a Scholem, de 3 de outubro e 3 de novembro de 1930: GB III, 541, 548). Benjamin chega de fato a redigir um "Memorando para a revista *Krisis und Kritik*", com contornos programáticos claramente materialistas: *A revista tem caráter político, o que significa que a sua atividade crítica assenta numa clara consciência da situação profundamente crítica da sociedade atual. O seu terreno será o da luta de classes*, muito embora não se reclamasse de qualquer representação partidária (vd. GS VI, 619-621).

Os fragmentos sobre crítica literária aqui reunidos devem, por outro lado, claramente muito ao modelo universal da ideia romântica da crítica, como mostra uma folha que os acompanha, e que contém essencialmente citações de Friedrich Schlegel, que Benjamin vai comentando:

"*e não sei se toda polêmica não deveria ser vista como um gênero muito próximo da crítica" (F. Schlegel,* Pensamentos e opiniões de Lessing, a partir dos seus escritos, I, Leipzig, 1804, p. 20).

Basta ver como Schlegel, na idade clássica dos Alemães, fala da situação literária (op. cit, p. 24) [A censura] *A recusa é a verdadeira escola do crítico, e o louvor o seu combate por um prêmio. Naturalmente que se trata de um louvor em que ele investe alguma coisa, o louvor profético, por assim dizer.*

As observações históricas de Schlegel (p. 27) lançam luz sobre a relação entre crítica e tradição. Qual a importância da crítica atual para a tradição. Teoria da embalagem.

p. 27-28: duas citações

Tiros que acertam em alvos distantes, p. 31; "o sentimento artístico era para eles..."

Objetos atuais da polêmica: as correntes artísticas, em geral; a inautenticidade que delas resulta, em particular.

Uma crítica materialista: o melhor aviso aos diletantes, que acham sempre que conseguem produzir tudo, não importa em que circunstâncias. Essa é a outra fonte da inautenticidade, a par das correntes artísticas.

No final do seu ensaio "Sobre a essência da crítica" Schlegel faz uma súbita inflexão. Sem ter plena consciência da relação entre a nova forma da crítica e a antiga, aponta como "forma acabada" da crítica valorativa a crítica meramente expositiva, e dá-lhe o nome de "fisionomia" [Charakteristik].

"A crítica como elo mediador entre a História e a Filosofia" (p. 39). Essa definição é totalmente transparente, apenas pela síntese que opera.

É significativo que Schlegel (p. 40) exija à "fisionomia" que seja uma "reconstrução", e não empatia.

(Fonte: Arquivo Benjamin, manuscrito 831)

História literária e ciência da literatura
(p. 131-138)

Publicado no jornal *Die literarische Welt* em 17 de abril de 1931, na série "O estado atual das ciências".

O contador de histórias
(p. 139-166)

Publicado na revista *Orient und Occident. Staat-Gesellschaft-Kirche. Blätter für Theologie und Soziologie* [Oriente e Ocidente. Estado-Sociedade-Igreja. Folhas de Teologia e Sociologia], nova série, n.º 3 (outubro de 1936), p. 16-33.

Deste ensaio terá Benjamin feito, provavelmente entre 1936 e 1939, uma versão francesa, com vista à sua eventual publicação na revista *Europe*, o que não chegou a acontecer, uma vez que a revista suspendeu a publicação nesse ano. O texto só viria a ser editado em francês em 1952, por iniciativa de Adrienne Monnier.

1. A gênese do ensaio

A matéria de que se ocupa "O contador de histórias" vinha já sendo pensada por Benjamin desde 1928. Vários dos motivos que aí serão desenvolvidos encontram-se numa série de textos fragmentários escritos entre 1928 e 1935 (ver, adiante, os paralipômenos). Dois desses textos – "Ler romances" e "Arte de narrar" – fixaram-se na forma em que o autor os deixou no datiloscrito pronto para publicação, provavelmente em 1933, com o título "Pequenas habilidades" (esses dois fragmentos figuram já no segundo volume desta série, *Imagens de pensamento*, nas p. 256-258). O primeiro desses textos conteria já o que Benjamin, em carta a Scholem de 30 de outubro de 1928, designa como *uma nova teoria do romance* (Br., 482; GB III, 420); o segundo corresponde a uma variante de uma das passagens deste estudo dobre Leskov (a seção VII). Nesses anos fala-se por mais de uma vez de um *ensaio sobre o romance e a narrativa* cuja conclusão se vai atrasando (por exemplo numa carta a Max Rychner, na altura diretor da revista *Neue Schweizer Rundschau*, em 21 de novembro de 1929 (Br., 504; GB III, 493), e de um outro, certamente o mesmo, referido como *sobre o romancista e o contador de histórias*, que também ainda não teria conseguido escrever (também em carta a M. Rychner, enviada de Ibiza com data de 25 de junho de 1933: Br., 580; GB IV, 240). A ideia inicial parecia assim ser a de um ensaio que procuraria elaborar uma teoria das formas épicas a partir dos motivos presentes nas anotações fragmentárias atrás referidas. Apesar de sucessivamente adiado, o trabalho acabou por ganhar forma final e publicável, mas não como teria inicialmente sido concebido. De fato, a encomenda da revista *Orient und Occident*, de um ensaio sobre Nikolai Leskov, só a contragosto foi aceita por Benjamin (o que o levou a orientar o estudo no sentido de uma reflexão teórica sobre as formas narrativas em geral, em especial o romance e a narrativa tradicional), como se pode deduzir de uma carta a Scholem, de 29 de março de 1936: *Antes de retomar o grande livro* [i.e., as *Passagens*], *terei de escrever um curto estudo sobre Nikolai Leskov que me comprometi a entregar* [...] *Espero que alguma vez tenhas lido Leskov, um dos maiores contistas russos* (GB V, 265-266).

E pouco depois, em 15 de abril, lemos numa carta a Kitty Marx-Steinschneider: *estou ocupado com um trabalho a que me comprometi em circunstâncias pouco agradáveis, um estudo sobre o escritor russo Leskov – um contemporâneo de Dostoiévski, pouco conhecido, mas muito importante. Conhece-o? As suas obras foram traduzidas parcialmente para alemão, várias vezes...* (Br., 710-711; GB V, 274-275). O próprio Benjamin conhecia a obra de Leskov desde 1928, através da edição alemã, em nove volumes, das *Obras completas* publicadas pela editora Beck, como refere a Hofmannsthal: *a minha última semana foi passada sob a influência absorvente da leitura de Leskov. Comecei a lê-lo, e não consegui parar* (Br., 460; GB III, 332). O ensaio de 1936, lê-se na mesma carta a Kitty Marx-Steinschneider, *foi escrito para a revista* Orient und Occident, *dirigida pelo antigo professor de Bona, o teólogo Fritz Lieb (um antigo aluno de Karl Barth e uma das melhores pessoas que conheci em Paris). [...] Como não tenciono meter-me em questões relacionadas com a história da literatura russa, Leskov oferece-me a oportunidade de desenterrar uma antiga ideia fixa minha e tentar ordenar coisas dispersas sobre a oposição entre romancista e contador de histórias, e a minha velha predileção pelo último* (Br., 711; GB V, 275). Se recorrermos, como terceira data, à carta a Scholem de 2 de maio desse ano, onde se lê: *estou escrevendo o 'Leskov'* (Br., 714; GB V, 282), e se tomarmos o presente à letra, poderemos concluir que o ensaio deverá ter sido escrito entre fim de março e meados de abril. Para a sua conclusão várias datas se perfilam, mas sujeitas a várias leituras. Primeiro, no princípio de junho, diz-se que *escrevi nos últimos tempos um estudo sobre Nikolai Leskov, que, sem querer ter a pretensão de se comparar com o da teoria da arte* [i.e., o ensaio sobre "A obra de arte na época da sua possibilidade de reprodução técnica"], *evidencia alguns paralelos com o "declínio da aura", na constatação de que a arte do contador de histórias está chegando ao fim* (carta a Theodor W. Adorno, de 4 de junho de 1936: GB V, 307). Mas aquele *escrevi* é posto em causa pelo menos por duas outras datas. Depois de meados de junho, em carta a Karl Thieme: *Só agora, na fase de conclusão do estudo sobre Leskov, me apercebo de que está quase tudo por fazer quanto à minha teoria das formas épicas* (17 de junho de 1936: GB V, 310); e em 4 de julho, ao mesmo destinatário: *O ensaio sobre o contador de histórias está pronto. Antecipo já o momento em que lho poderei enviar* (GB V, 329). E finalmente uma carta a Scholem, ainda em 26 de junho: *Entretanto, concluí um trabalho, não tão extenso como o ensaio sobre "A obra de arte...", e que penso te agradaria mais, nomeadamente no que se refere à linguagem: trata-se do texto "O contador de histórias"...* (GB V, 317). A estas se junta ainda uma carta a Gretel Adorno, que deverá ter sido enviada de Paris no princípio de julho, onde se diz: *Antes de sair daqui* [para Svendborg, lugar de exílio de Brecht na Dinamarca]*, espero poder mandar traduzir a versão original do estudo sobre Leskov. É uma oportunidade que tenciono aproveitar o mais depressa possível. E por isso te peço que me devolvas o teu exemplar — se possível na volta do correio. Não vais ficar sem ele por muito tempo — no máximo umas seis semanas, porque em setembro o texto alemão deve ser publicado na Suíça* (GB V, 335). Mas o trabalho não estaria provavelmente concluído antes de julho, ou mesmo agosto, como se depreende do pedido de informação de Benjamin sobre *as provas tipográficas do 'Leskov'* ao editor da revista *Orient und Occident* em 13 de agosto de 1936. A publicação na revista suíça aconteceria apenas em outubro, e as circunstâncias adversas levariam ainda a que esse último número apenas fosse distribuído em junho de 1937. Mais tarde, em outubro desse ano, Benjamin trocaria ainda correspondência em que a temática do ensaio continua a ser pensada. Por exemplo em carta a Karl Thieme, de 10 de outubro: *Se me permite retomar o assunto de "O contador de histórias", gostaria de esclarecer que a referência à apocatástase em Orígenes* [vd. seção XVII] *tinha apenas a intenção de constituir uma explicação imanente do mundo da imaginação de Leskov. Eu próprio não tive intenção de me pronunciar sobre a matéria. Posso, no entanto, imaginar que há alguns anos o tivesse feito; Wiesengrund* [Adorno] *fê-lo, ao que deduzo da sua carta. Em que escrito dele se encontra esse conceito da 'realização sem vítimas'?* [provavelmente em carta de Adorno] (Br. 738; GB V, 585]. Outro fragmento dessa intensa troca de ideias com Thieme sobre as formas da épica encontra-se numa carta de 9 de março de 1938, onde se lê: *O meu interesse pela questão do contador de histórias continua vivo. Estou à procura do livro de Jolles que me recomendou*[181] (Br., 746; GB VI, 45). Esse interesse está ainda presente numa breve carta de agradecimento a Bernard von Brentano, de 16 de junho de 1939: *A sua bela frase 'as pessoas não gostam que lhes digam o que devem fazer, mas aceitam*

---

[181] O livro de André Jolles, um clássico da literatura sobre as "formas curtas" da narrativa, é *Einfache Formen* [Formas simples], e foi publicado em 1930. (N.T.).

tudo o que lhes contam', leva-me a enviar-lhe, como agradecimento pela bela antologia[182] uma pequena reflexão sobre o contador de histórias, que publiquei há uns anos (Br., 817; GB VI, 301). E fala-se ainda da importância que esse ensaio teve para o planejado livro sobre Baudelaire, numa carta do mesmo ano a Gretel Adorno: *O capítulo sobre o* flâneur *integrará, na nova versão, alguns motivos determinantes provenientes do ensaio sobre a reprodução da obra de arte e sobre o contador de histórias, e alguns outros das Passagens. Nenhum outro trabalho meu até agora revelou tanto ser uma espécie de ponto de fuga para o qual convergem (e percebo agora que isso acontece desde sempre) todas as minhas reflexões, vindas dos mais diversos pontos* (Br., 821; GB VI, 308).

2. As versões francesas

No final do ano de 1939, Benjamin fez algumas tentativas para publicar "O contador de histórias", em versão francesa, na revista *Europe*. Essa versão foi feita por ele próprio, depois de, em 1936, ter já pensado em mandar traduzir a versão alemã, o que não viria a acontecer. Não há indicações concretas sobre as datas em que terá decorrido o trabalho nessa tradução, mas o manuscrito e o datiloscrito existentes mostram ainda que ela terá sido corrigida por outra mão. Uma cópia dessa versão francesa foi parar às mãos de Adrienne Monnier, a livreira e editora que teve um papel relevante nesta fase da emigração em Paris e sobretudo do internamento, e saída, de Benjamin no campo de Nevers em 1939. Numa "Nota sobre Walter Benjamin", publicada na *Mercure de France* em 1 de julho de 1952, Adrienne Monnier faz algumas conjecturas sobre o processo de tradução do texto para francês:

"O texto [...] foi-me confiado por Walter Benjamin no fim do ano de 1939, depois da sua libertação do campo de trabalho de Nevers, de onde pôde sair graças à intervenção de Henri Hoppenot. Previa-se a publicação de 'O contador de histórias' na revista *Europe*: Jean Cassou recebeu-o para publicação, que chegou a ser anunciada, mas não se concretizou, porque a revista *Europe* deixou de se publicar

---

[182] A "antologia" refere-se a uma seleção de poemas do suíço Gottfried Keller: *Die schönsten Gedichte* [Os mais belos poemas], seleção de Manuel Gasser e Bernard von Brentano. Zurique, 1938. (N.T.)

em agosto de 1939. A cópia de que disponho não traz indicação de lugar nem de data de composição." E acrescenta: "Também não há menção de tradutor", e daí conclui que "Benjamin escreveu talvez este ensaio diretamente em francês – de fato, esforçava-se por escrever na nossa língua". Foi o que aconteceu no caso do ensaio sobre Bachofen (vd., nesta série, *O anjo da história*, p. 91 e seguintes), e provavelmente também com este texto, embora a partir de uma versão alemã anterior. "Era preciso, por vezes, fazer algumas correções – bem poucas, aliás, sobretudo nos últimos tempos". E a nota de Monnier continua: "Dado que não fomos nós que corrigimos o presente texto, é possível que tenha havido, na época, um amigo que fez a revisão". O manuscrito parece confirmá-lo, mas não foi identificado o autor da revisão. A hipótese que Monnier chega a colocar não se confirmou: "Como Pierre Klossowski tinha trabalhado por mais de uma vez com Benjamin, e fez a tradução do ensaio 'Sobre a obra de arte...'", perguntei-lhe se não lhe deveríamos também a tradução, ou a revisão de 'O contador de histórias'. Ele respondeu-me negativamente na interessante carta que se segue a esta nota." Para fundamentar a publicação do ensaio, acrescentava ainda: "Parece-me que o seu gênio judeu se manifesta em "A obra de arte...", enquanto que o gênio alemão se sente em 'O contador de histórias'. São, em minha opinião, dois textos maiores, e sinto-me feliz por ver este último publicado aqui." O texto que apareceu na *Mercure de France* (n.º 1067, de 1º de julho de 1952, p. 458-485) corresponde apenas em parte à versão alemã reproduzida neste volume.

O ensaio teria ainda uma outra tradução francesa, de Maurice de Gandillac, publicada pela primeira vez no volume de *Oeuvres choisies* em 1959 (reeditada em 1971, no volume *Poésie et révolution. Oeuvres II*).

3. Paralipomena: fragmentos sobre romance e narrativa (entre 1928 e 1935)

Por que está chegando ao fim a arte de contar histórias. [vd. seção II]

A tradição da oralidade, patrimônio da narrativa, tem uma natureza diferente da que nos é oferecida pela tradição do romance. O romance distingue-se formalmente de todas as outras variantes da prosa – o conto de fadas, a lenda, os provérbios, as narrativas burlescas, a paródia – pelo fato de ele, no que diz respeito à sua matéria fundamental, não derivar da tradição oral nem com ela se identificar. E poderíamos dizer que é por lermos tantos romances que desaprendemos tanto a arte de contar histórias. O mais íntimo lugar de nascimento do romance é – de um ponto de vista histórico – a solidão do indivíduo abandonado a si mesmo, que já não é capaz de se pronunciar de forma exemplar sobre as questões mais importantes da sua vida, se desorientou e é incapaz de aconselhar os outros. Essa é, de fato, uma característica própria do romance, intimamente relacionada com as suas origens e que, como elas, o distingue dos outros tipos de prosa: o romance não é exemplar como a lenda, nem moral como o conto de fadas e os contos populares. Não só resiste à comunicação oral como também é a única forma da prosa que, na sua essência, é impronunciável (ver se há comentários sobre isso em Lukács. As últimas frases nos romances?). Nada contribui mais para um perigoso emudecimento do homem interior do que a leitura de romances. E esse é o ponto decisivo desta problemática: a incapacidade de passar a outros o que ouviu sob a forma de narrativa, e de despertar naquilo que se viveu o espírito da história, o que está disponível para ser contado; esses dons simples e ingênuos, os de ser, de forma objetiva e universal (e esta é a faculdade própria do contador de histórias), estão ligados à genuína abertura do homem interior. Os de hoje andam muito mal ventilados: todas as narrativas, mesmo as mais simples, são atravessadas por grandes correntes de ar; nós não fazemos a mínima ideia de quanta liberdade é preciso para fazer passar a mais singela das histórias. Em suma, nada acaba de forma mais radical com o espírito da narração do que a despudorada expansão do "privado" nas nossas existências; e toda discrição, íntima, convencional, egoísta, pessoal, é como um ataque que rouba ao contador de histórias um bocado da sua capacidade de expressão (e não apenas, como se poderia pensar, um tema). A história obscena é, no fundo, a expressão da coragem desesperada com que alguém que sempre viveu uma existência fechada e bafienta se torna de repente público; do mesmo modo, a anedota é para nós a expressão da forma atomística das relações entre os indivíduos.

A rememoração é a musa do autor de prosa. [vd. seção XIII]
(Fonte: Coleção Scholem, caderno de pergaminho, 18)

Todas essas coisas podem ser vistas como eternas (contar histórias, por exemplo), mas também as podemos ver na sua condição temporal, e problemática, duvidosa. O eterno na narração. Mas provavelmente com formas totalmente novas. A televisão, o gramofone, etc., tornam tudo isso problemático. Quinta-essência: não queremos ir assim tanto ao fundo das coisas.

E por que não? Porque temos medo, e com razão: medo de que tudo isso seja desacreditado, a descrição pela televisão, as palavras do herói pelo gramofone, a moral da história pela próxima estatística, a pessoa do contador da história por tudo aquilo que sobre ela ficamos sabendo. – A morte, um abuso. Sendo assim, então também a narração é um abuso. Então acaba por morrer talvez, a princípio, o pour commencer, *toda a aura do consolo, da sabedoria, do lado festivo com que rodeamos a morte?* Tant mieux. *Nada de lamentações. O absurdo dos prognósticos críticos. Cinema em vez de narração. A eterna nuance, aquela que dá vida.*

São esses, disso não há dúvida, os valores de eternidade do ato de contar histórias. E é por isso que nestas últimas décadas, que combatem de forma implacável e violenta os valores eternos, a arte de narrar está mais exposta e ameaçada do que nunca. A narrativa, essa continuará, mas não na sua forma "eterna", com o seu calor secreto e maravilhoso, antes em formas provocatórias e atrevidas, de que ainda nada sabemos.

Formas – são as forças que buscam eternidade. Os assuntos são as forças que a têm.

A voz veneranda é abafada pelo monstruoso uníssono da sabedoria de opereta: não queremos ir assim tanto ao fundo das coisas! Os esforços dos novos narradores para demolir a velha precisão das descrições, do decurso temporal, da vida interior. O cinema, sobreimpressões, a fotomontagem: é claro que tudo isso tem como objetivo uma nova objetividade, mas sobretudo uma nova falta de rigor, suficientemente implacável para destruir o rigor da tradição. O que queremos é: um novo rigor e uma nova ausência de rigor unidos num dialeto da narração. Histórias da grande cidade contadas em dialeto, como acontece noutros lugares, na Rússia, em Pilniak, Slonimski, como as que nos deram Hemingway, Joyce.

Se essa nova forma de narrar for uma auréola em volta do sol branco e invernal da morte, então ela desaparecerá também com a força irradiante do novo sol. Não teremos novas histórias para oferecer de forma harmoniosa, mas apenas para nos aquecermos com elas.

(Fonte: Coleção Scholem, caderno de pergaminho, 19)

O romance: a forma que os homens inventaram no momento em que só conseguiam ver as mais importantes questões da existência sob o prisma da esfera privada.

O contador de histórias, e o que nele é tão espantoso: o fato de ele causar a impressão de poder contar toda a sua vida, e de que tudo o que conta é apenas um pedaço de toda a sua vida. O impulso de cada verdadeiro ouvinte é o do "O que virá a seguir?", até ao fim da vida, como acorde final de toda grande narrativa. O contador de histórias é o homem que poderia deixar extinguir-se completamente o pavio da vida na chama suave da narrativa.

(A ressonância que falta. O mundo tornou-se tão estreito... mal...)
O gramofone, que retirou ao orador vivo toda a autoridade.

A recepção a Lindbergh;[183] a Bolsa; ruído de batalha (Marinetti: é o novo murmúrio do mundo).

Uma verdade tem a sua prova numa história contada. Uma história contada desemboca numa verdade. O contador de histórias é sempre alguém que tem um conselho para dar. E isso era outrora uma coisa de peso e importante: saber dar conselhos. E mais importante ainda era talvez o saber aceitar conselhos dos outros, coisa boa e consoladora. Hoje, tais palavras começam já a parecer obsoletas. Nem nós nem os outros esperamos por conselhos. Sabemos transformar os nossos problemas em suspiros e lamentações, mas não em histórias. Mas só quem se abre aos outros se deixa aconselhar. E não apenas porque ninguém aceita conselhos sem conhecimento das situações, mas também porque cada um só se abre aos conselhos quando o seu problema se transforma em palavras.

Por mais incrível que seja, nada do que é "eterno" no homem permanece – se olharmos com atenção – com o carácter absoluto e definitivo que a princípio parecia ter. É muito delicada, afinal, a rede de que se tece esse extraordinário dom de contar, e ela começa a esgarçar e a desfazer-se por todos os lados, de forma quase imperceptível, mas irrecuperável! E precisamente porque o "contar histórias" parecia acontecer entre os homens de eternidade para eternidade é que essa prática se viu mais ameaçada nas últimas décadas, que combatem de forma implacável e violenta os valores eternos. Para já, essa arte afundou-se. Está demasiado esvaziada de novas sabedorias, e mais ainda cheia de velhos saberes, para poder hoje servir para alguma coisa. E como há momentos em que a verdade só vem das bocas menos limpas, a recente sublevação contra o contador de histórias encontrou a sua mais feliz divisa no reino da opereta. Contra a antiga voz que soava de casa em casa e de geração em geração levanta-se agora a insistente sabedoria de opereta: Afinal, "não queremos ir assim tanto ao fundo das coisas!". Mas esse lema é um rastilho: não será que todos os esforços

---

[183] Em Paris, em 21 de maio de 1927, depois do primeiro voo transatlântico, com a multidão entusiasmada quase sufocando o piloto. (N.T.)

dos novos narradores se resumem a um propósito, o de demolir o velho rigor na construção da ação, na descrição dos lugares e na sequência temporal? Tudo isso, como sabemos, vai no sentido de uma Nova Objetividade, mas acima de tudo no de uma nova ausência de rigor suficientemente implacável para destruir o antigo rigor. Joyce. E agora há em tudo isso um instinto saudável e seguro: temos medo, e com razão, de que tudo seja desacreditado. E não acontece já isso em relação à voz do contador, com a intervenção do gramofone?

(Fonte: Coleção Scholem, caderno de pergaminho, 20)

No arquivo Benjamin existe ainda um manuscrito – classificado com o n.º 658 – que retoma, quase na íntegra, passagens incluídas em várias seções do ensaio "O contador de histórias", e que por isso não se transcreve aqui.

Transcrevemos apenas um outro manuscrito em que se comenta de forma irónica a história do rei do Egito Psamênite, narrada na seção VII:

A história de Psamênite e as suas explicações:
1) Montaigne: a última gota faz transbordar o barril.
2) Franz Hessel e eu: o destino do que é real não atinge o rei – porque é o seu próprio destino.
3) Asja Lacis: no palco muita coisa nos toca, a que ficamos indiferentes na vida; e para o rei este criado é apenas um ator representando.
4) Eu: a dor nunca vem na hora e no lugar certo; é uma tampa, um chapéu, que nunca assenta bem.
5) Wilhelm Speyer: sem explicação.
6) Stefan Benjamin: porque o soldado era mais fot *[palavra da linguagem infantil? Forte]*
Sobre a explicação de Montaigne: ela é genialmente natural e autônoma. De acordo com essa explicação, também o filho poderia vir em último lugar. A pointe *irônica não lhe interessa.*
7) Dora Benjamin (de fato, André Gide): era o que se esperava de um rei.

(Fonte: Arquivo Benjamin, manuscrito 1710)

Este livro foi composto com tipografia Bembo e impresso em papel Off-White 70 g/m² na Formato Artes Gráficas